流光溢彩的中华民俗文化

质朴自然的民间饮食

流光溢彩的中华民俗文化

质朴自然的民间饮食

吉林出版集团股份有限公司

前言

在渊远流长的中国历史文化长河里，非物质文化遗产犹如一颗璀璨的明珠闪亮在世界的东方。这是一种摸不着看不到的文化，却通过世世代代口口相传的方式流传了下来，人们又对其进行了艺术加工，形成了今天多种多样的艺术形式。我们将这些非物质文化遗产汇集起来，取其精华中的精华，并对其深入挖掘和边缘探索，分门别类的编排出34本《流光溢彩的中华民俗文化》系列丛书，将我国最珍贵的非物质文化遗产图文并茂的呈现在读者面前。

民间饮食，就是城乡民间家常菜的饮食艺术。它已有六七千年的历史积淀，形成了丰富多彩的文化内涵。从某种角度说，一切经典饮食都是在民间饮食的基础上派生而形成和发展起来的。

在原始社会里，人类的饮食仅仅是为了果腹生存，完全处于“茹毛饮血”的蒙昧时期。这个时期的人类饮食还不能称其为饮食文化。而民间饮食就是人类在长期的饮食实践中摸索总结出的一种人人共识的模式，并从单一的食用方法发展成多彩多姿的饮食艺术。

民间饮食的突出特色就表现在质朴自然、原汁原味的鲜明个性上。民间菜在烹制过程中，绝无刻意雕塑之态，却有活泼、自然、拙朴之美。

在选料时，并不像经典饮食那样严谨，他们思想上无拘无束，随意驰骋，这种无意创作而创作出来的东西，其风格自然是质朴的、本位的。

如民间制作酒菜，炒一盘花生米，或者拌一盘白萝卜丝，随意切几刀鲜红椒丝，掐一撮香菜叶，白、红、绿相间，美观好看，清脆利口。或者拿一块红薯，切成细丝，用清水多淘几遍，再配几刀红椒丝，放油锅中用醋一熘，其风味也不比土豆差。民间饮食就是这样，就地取材，有啥做啥，拙朴自然。

在民间饮食原料中，还有一种一次采摘，可供全年享用的树头菜，那便是落叶乔木槐树上结的嫩果、槐花。这种东西鲜吃也可，焯熟晒干炒吃、蒸吃、作捞面条卤，或者作饺子、包子馅料，风味更加别致。可以骄傲地说，民间饮食这种质朴自然、原汁原味的鲜明个性是经典饮食难以比拟的。

民间饮食的普遍特征是取料广泛，经济实惠。天上飞的，地下走的，水中游的，树上长的，田里生的，无不可以拿来作饮食原料。足见其饮食原料的广泛性。

清代袁枚就十分重视民间饮食艺术，在他的《随园食单》中辑录的342种菜点中，民间菜点品种最多，有127种，其他宫廷菜、官府菜点占73种，市肆菜点占90种，民族及地方与寺庵菜点占50种。

本书收录了我们56个民族的饮食文化习俗，饮茶习俗，及节日节气饮食风俗，是一本最给力的民间饮食大全。

目录

目录

第三章 民间美食见真情

第四章 民间美食重特色

目录

第五章 民间美食原生态

第六章 民间美食风味浓

目录

第七章 民间美食最环保

第八章 民间美食最独特

第一章

民间美食醉人心

◆汉族民间饮食——隐喻着深厚的文化内涵

民间饮食，就是城乡民间家常菜的烹饪艺术。它已有六七千年的历史积淀，形成了丰富多彩的文化内涵。民间饮食就是人类在长期的烹饪实践中摸索总结出的一种人人共识的模式，并从单一的食用方法发展成多彩多姿的烹饪艺术。

汉族有八大菜系

汉族以粮食作物为主食，以各种动物食品、蔬菜作为副食的基本饮食结构。一日三餐中主食、菜肴、饮料的搭配方式，既具有一定的共同性，又因不同的地理气候环境、经济发展水平、生产生活条件等原因，形成一系列的具体特点。

汉族主食以稻米、小麦为主，辅以蔬菜、肉食和豆制品，茶和酒是汉族的传统饮料。稻米的吃法以米饭为主，另有粥、米粉、米糕、汤圆、粽子、年糕等各种不同的食品；小麦则有馒头、面条、花卷、包子、饺子、馄饨、油条、春卷、炸糕、煎饼等吃法。

汉族讲究并善于烹饪，不同地区的汉族以炒、烧、煎、煮、蒸、烤和凉拌等烹饪方式，形成了不同的地方风味。汉族菜一般被分为的川、粤、闽、皖、鲁、湘、浙、苏等八大菜系。

有特殊内涵的节日食品

节日食品是丰富多彩的。它常常将丰富的营养成分，赏心悦目的艺术形式和深厚的文化内涵巧妙地结合起来，成为比较典型的节日饮食文化。

人们在节日食用的特定的食物制品。这是节日食品和食俗的主流。例如春节除夕，北方家家户户都有包饺子的习惯，而江南各地则盛行打年糕、吃年糕的习俗，另外，汉族许多地区过年的家宴中往往少不了鱼，象征“年年有余”。

端午节吃粽子的习俗，千百年来传承不衰。中秋节的月饼，寓含了对人间亲族团圆和人事和谐的祝福。

其他诸如开春时食用的春饼、春卷，正月十五的元宵，农历腊月初八吃腊八粥、寒食节的冷食，农历二月二吃猪头、咬蚕豆、尝新节吃新谷，结婚喜庆中喝交杯酒，祝寿宴的寿桃、寿糕等，都是节日习俗中的特殊的食品和具有特殊内涵的食俗。

汉族茶文化有 4 700 多年历史

中国是茶叶的故乡，茶文化在中国源远流长，数千年来，构成汉族饮食习俗不可缺少的部分，在世界上也发生了广泛影响。

汉族人饮茶，据说始于神农时代，少说也有4 700多年了。直到现在，中国汉族同胞还有民以茶代礼的风俗。汉族对茶的配制是多种多样的：有太湖的熏豆茶、苏州的香味茶、湖南的姜盐茶、成都的盖碗茶、台湾的冻顶茶、杭州的龙井茶、福建的乌龙茶等。

中国制茶、饮茶已有几千年历史，名品荟萃，主要品种有绿茶、红茶、乌龙茶、花茶、白茶、黄茶。中国茶艺在世界享有盛誉，在唐代就传入日本，形成日本茶道。

汉族人饮茶，注重一个“品”字。凡来了客人，沏茶、敬茶的礼仪是必不可少的。当有客来访，可征求意见，选用最合来客口味和最佳茶具待客。以茶敬客时，对茶叶适当拼配也是必要的。

主人在陪伴客人饮茶时，要注意客人杯、壶中的茶水残留量，一般用茶杯泡茶，如已喝去一半，就要添加开水，随喝随添，使茶水浓度基本保持前后一致，水温适宜。在饮茶时也可适当佐以茶食、糖果、菜肴等，达到调节口味和点心之功效。

“无酒不成宴”

酒不仅是能满足提神、解除疲劳、医用等生理需要的饮品，而且是一种重要的文化媒体，它在汉族长期的饮食文化中占有重要的地位。

在汉族的重要节日中，酒是不可或缺的必

以茶代礼

备品。汉族有句俗话,“无酒不成宴”。酒可以助兴,可以增加欢乐的气氛,至今还在不少地区流行的饮酒时的“猜拳”“酒令”“酒曲”等活动,既是一种饮酒习俗,又是一种民族游艺和民间智慧,它具有活跃气氛,消除酒力,显示和锻炼智力等多种功能。

有些饮酒活动形成独特的文化习俗,例如汉族中广泛流传的除夕饮屠苏酒,端午节饮雄黄酒,重阳节饮菊花酒等等,蕴含着汉族人民深厚的自然天道和人文观念,至今仍为人们称道。

酒是汉族在日常生活和各种社会活动中传达感情,增强联系的一种媒介。在汉族许多地区,姑娘出嫁临行前要饮别亲酒,新郎新娘入洞房要饮交杯酒等等。所有这些饮酒习俗,都是汉族过去和现在饮食和生活习俗的有机组成部分。

蒙古族

◆蒙古族民间饮食——香气四溢的草原风味

蒙古族富有特色的食品很多,例如烤羊、炉烤带皮整羊、手抓羊肉、大炸羊、烤羊腿、奶豆腐、蒙古包子、蒙古馅饼等。民间还有稀奶油,蒙古族常备奶制品;奶皮子;煺毛整羊宴,是蒙古族传统宴客菜,祭祀活动时也常用。

奶制品是蒙古族的上乘珍品

蒙古族牧民视绵羊为生活的保证、财富的源泉。日食三餐,每餐都离不开奶与肉。以奶为原料制成的食品，蒙古语称“查干伊得”，意为圣洁、纯净的食品，即“白食”；以肉类为原料制成的食品，蒙古语称“乌兰伊得”，意为“红食”。

马奶酒

蒙古族除食用最常见的牛奶外，还食用羊奶、马奶、鹿奶和骆驼奶，其中少部分作为鲜奶饮料，大部分加工成奶制品，如：酸奶干、奶豆腐、奶皮子、奶油、稀奶油、奶油渣、酪酥、奶粉等十余种，可以在正餐上食用，也是老幼皆宜的零食。

奶制品一向被视为上乘珍品，如有来客，首先要献上，若是小孩来，还要将奶皮子或奶油涂抹其脑门，以示美好的祝福。

美味营养的手抓羊肉

蒙古族的肉类主要是牛、绵羊肉，其次为山羊肉、骆驼肉和少量的马肉，在狩猎季节也捕猎黄羊肉。羊肉常见的传统食用方法就有全羊宴、嫩皮整羊宴、煺毛整羊宴、烤羊、烤羊心、炒羊肚、羊脑烩菜等70多种。最具特色的是蒙古族烤全羊、炉烤带皮整羊或称阿拉善烤全羊，最常见的是手抓羊肉。

蒙古族吃羊肉讲究清煮，煮熟后即食用，以保持羊肉的鲜嫩，特别是在做手抓羊肉时，忌煮得过老，也喜食煮时加佐料，并把肉煮成酥烂的手抓羊肉。有些地区的蒙古族还喜将羊腰窝的肉切成大片，挂糊油炸成炸肉片，民间称为“大炸羊”。

牛肉大都在冬季食用。有做成全牛肉宴，更多的是清炖、红烧、做汤。还食用骆驼肉和马肉，油炸驼峰片蘸白糖，视为上肴，有经验的厨师还善于把牛蹄筋、鹿筋、牛鞭牛尾烹制成各种食疗菜肴。为便于保存，还常把牛、羊肉制成肉干和腊肉。

红茶、奶茶一个都不能少

蒙古族每天离不开茶，除饮红茶以外，几乎人人都有饮奶茶的习惯，人们每天早上第一件事就是煮奶茶，煮奶茶最好用新打的净水，烧开后，冲入放有茶末的净壶或锅，慢火煮2~3分钟，然后将鲜奶和盐对入其中，烧开即可。

蒙古族的奶茶有时还要加黄油，或奶皮子，或炒米等，其味芳香、咸爽可口，是含有多种营养成分的滋补饮料。有人甚至认为，三天不吃饭菜可以，但一天不饮奶茶不行。

蒙古族还喜欢将很多野生植物的果实、叶子、花都用于煮奶茶，煮好的奶茶风味各异，有的还能防病治病。

马奶酒是“蒙古八珍”之一

大部分蒙古族都能饮酒，所饮用的酒多是白酒和啤酒，有的地区也饮用奶酒和马奶酒。

蒙古族人民世居草原，以畜牧为生计。每年七八月份牛肥马壮，是酿制马奶酒的季节。勤劳的蒙古族妇女将马奶收贮于皮囊中，加以搅拌，数日后便乳脂分离，发酵成酒。随着科学的发达，生活的繁荣，蒙古人酿制马奶酒的工艺日益精湛完善，不仅有简单的发酵法，还出现了酿制烈性奶酒的蒸馏法。六蒸六酿后的奶酒方为上品。

每逢节日或客人朋友相聚，都有豪饮的习惯。

马奶酒性温，有驱寒、舒筋、活血、健胃等功效。被称为紫玉浆、元玉浆，是“蒙古八珍”之一。曾为元朝宫廷和蒙古贵族府第的主要饮料。忽必烈还常把它盛在珍贵的金碗里，犒赏有功之臣。

◆回族民间饮食——清真饮食文化的代表

回族与其他穆斯林民族创造和发展了中国清真饮食文化。回族饮食中，牛羊肉占有相当重要的地位，主食以面食见长。

羊肉菜肴有280种之多

最出名的菜肴有羊肉泡馍、手抓羊肉、涮羊肉、羊杂碎等，颇具地方特色和民族风格。元人《居家必用事类全集》卷十专收有《回回食品》，记载了10余种回回食品的制作方法。元代宫廷食谱《饮膳正要》中也收有河西米粉汤、抑蒸羊等清真食品。

清真全席在清代名列宫廷大宴，驰名京城。仅宁夏回族名厨王自忠近年整理的《清真全羊菜谱》一书，就收有羊肉菜肴280种之多。

回族妇女擅长制作油香、馓子、麻花、白面锅盔、羊肉臊子面、酸辣面、牛肉拉面、炒面、揪面片、小笼包子、八宝饭、粉汤、酿皮子、切糕、油面子等清真面食和小吃。

八宝盖碗茶

"八宝盖碗茶"

回族喜欢饮茶。在中国茶文化影响下，形成了以甜味为特色的饮茶习惯。形成了以"三炮台"为茶具的"八宝盖碗茶"。

在茶具中放入茶

叶、茉莉花茶、陕青茶、红砖茶、窝窝茶、毛尖等、白糖、红糖、冰糖、梨膏糖等及红枣、核桃仁、桂圆肉、芝麻、葡萄干、枸杞、或柿饼、山楂、姜片、果干等配料，用开水冲制后饮用。

茶叶及配料在不同的地区、不同的季节，根据饮茶者的经济与身体状况及喜好有不同的搭配，如“红糖砖茶”“冰糖陕青茶”“三香茶”“白四品”“红四品”“五味茶”等。

八宝茶具有生津解渴、开胃健脾的作用，放入不同的茶料，又具有不同的健身功能。宁夏的西海固山区，农村回族多喝“罐罐茶”，即用黑砂罐、瓷缸或白铁皮罐，放入砖茶或陕青茶，倒入凉水放在火上熬制，味略苦，有助消化，且能提神。

“油面茶”和“油茶”

青海回族喜喝奶茶，这与他们跟蒙古族、藏族的密切交往有关。回族中还有一类称作“茶”的流食，由于回族有自己的饮食禁忌习俗，出远门旅行或经商途中，就存在着饮食不便的问题。在长期的生活实践中他们发明了可用开水冲食的“油面茶”和“油茶”。

油面茶是将面粉焙熟至发黄，另用清油加葱、姜、盐炒些牛羊肉末，凉后拌在一起，外出途中用开水冲制后即可食用。

油茶与油面茶的区别是放入羊油或酥油炒肉末，与面混合成块，食用时用水熬制即可。

好吃的清真糕点

历史上回族家庭制作、贩卖清真食品的传统，包括清真麻辣烫、羊肉水饺、手抓羊肉、清蒸羊尾、羊肉泡馍、烧麦、清真糕点等清真食品，在吸收中国传统烹调文化精髓并加以创造性发展后进入现代中国商业领域，获得了各民族的欢迎。

清真糕点

一些老字号的清真饭庄焕发了青春，发展成为大饭店。清真大菜系已发展到将近 300 个品种。清真糕点也已成为人们节日、祝寿、庆贺、探亲访友的礼节性食品。

◆藏族民间饮食——彰显游牧民族的原生态

藏族以糌粑为主食

大部分藏族日食三餐，但在农忙或劳动强度较大时有日食四餐、五餐、六餐的习惯。绝大部分藏族以糌粑为主食，即把青稞炒熟磨成细粉。特别是在牧区，除糌粑外，很少食用其他粮食制品。

食用糌粑时，要拌上浓茶或奶茶、酥油、奶渣、糖等一起食用；糌粑既便于储藏又便于携带，食用时也很方便。在藏族地区，随时可见身上带有羊皮糌粑口袋的人，饿了随时皆可食用。

一些地区的藏族还经常食用“足玛”“炸果子”等，足玛是藏语，为青藏高原野生植物蕨麻的一种，俗称人参果，形色如花生仁，当地春秋可采挖，常用作藏族名菜点的原料。炸果子即一种面食，和面加糖，捏成圆或长条状后入酥油锅油炸而成。

他们还喜食用小麦、青稞去麸和牛肉、牛骨入锅熬成的粥。聚居于青海、甘肃的藏族也食烙薄饼和用沸水句面搅成的“搅团”。

“推”是藏族群众喜爱的食品，用酥油、红糖和奶渣估成，形似大奶油蛋。青海藏族常吃一种藏族称“特”的水油饼。制作水油饼时将面粉揉成碗口大的面饼，放入开水锅中煮，待熟后捞出，加酥油食用。

特色风干猪膘

藏族食用牛、羊肉讲究新鲜，在牛羊宰杀之后，立即将大块带骨肉入锅，用猛火炖煮，开锅后即可捞出食用，以鲜嫩可口为最佳。

民间吃肉时不用筷子，而是将大块肉盛入盘中，用刀子割食。牛、羊血则加碎牛羊肉灌入牛、羊的小肠中制成血肠，四川、云南等地的藏族多将猪肉用来制成猪膘，便于保存。

制猪膘时去掉猪的头蹄，剔除猪骨，四川的藏族还要割下瘦肉，然后抹上花椒、香樟迷，撒上盐，缝合成方形，风干即成。

云南藏族在将猪肉缝合之后，还要加一块重石板压，称“琵琶肉”。食用时一圈圈切下，蒸熟后用刀切食。其色蜡黄，香而不腻。肉类的储存多用风干法。

一般在入冬后宰杀的牛、羊肉一时食用不了，多切成条块，挂在通风之处，使其风干。

冬季制作风干肉既可防腐，又可使肉中的血水冻附，能保持风干肉的新鲜色味。

用茯茶熬制的酥油茶和奶茶

饮茶是藏族人民日常生活中的另一个重要的组成部分。最常见的是从牛、羊奶中提炼的酥油，除饭菜都用酥油外，还大量用于制作酥油茶。

糌粑

酸奶、奶酪、奶疙瘩和奶渣等也是经常制作的奶制品，作为小吃或其他食品搭配食用。在藏族民间，无论男女老幼，都把酥油茶当作必须的饮料，此外也饮奶。

制作酥油茶，先将砖茶深煮久熬成汁后，滤除茶渣，加入酥油和少量食盐，在特制的木质桶——酥油桶中用力抽打，使酥油和茶水交融，然后盛在壶中放在火炉边，或装到暖水瓶中，边倒边喝，在喝前先将漂浮在茶水面上的油轻轻吹到一边再喝。

茶碱能溶解脂肪，可以消食化腻，帮助消化。高原新鲜蔬菜和水果相对平原较为缺乏，人们难于摄足人体所需维生素，大量饮茶，可以适当加以弥补。

雪域海拔高，风寒氧缺，茶中的芳香油、咖啡因能起到兴奋大脑，促进肌体新陈代谢，增加血管和心脏的功能，从而提神醒脑，保护肌肤，补充氧气，减轻高山反应。有人说，喝酥油茶，甜茶，还可以在一定程度上医疗伤风感冒，气喘咳嗽等疾病

寺院飘香酥油茶

青稞酒——“藏式啤酒”

藏族普遍喜饮用青稞制成的青稞酒。在节日或喜庆的日子尤甚。

青稞酒色微黄，酸中带甜，有“藏式啤酒”之称，是藏族同胞生活中不可缺少的饮料，也是欢度节日和招待客人的上品。按照藏族习俗，客人来了，豪爽热情的主人要端起青稞酒壶，边斟三碗敬献客人。

前两碗酒，客人按自己的酒

量，可喝完，也可剩一点，但不能一点也不喝。第三碗斟满后则要一饮而尽，以示尊重评价。藏族同胞劝酒时，经常要唱酒歌，歌词丰富多彩，曲调优美动人。

唱祝酒歌也是藏族人民最有意义的普遍习俗。藏族有一句笑话："喝酒不唱祝酒歌，便是驴子喝水。"谁来敬酒，谁就唱歌。

大家常爱唱的歌词大意是："今天我们欢聚一堂，但愿我们长久相聚。团结起来的人们呀，祝愿大家消病免灾！"祝酒歌词也可由敬酒的人随兴编唱。唱完祝酒歌，喝酒的人必须一饮而尽。

◆维吾尔族民间饮食——闻名全国的烤肉串

维吾尔族虽从游牧民族较早地转为定居农业的民族，但在饮食文化中，仍保留着许多游牧民族特有的风俗。

别具特色的馕和油塔子

馕是维吾尔族群众日常生活中不可缺少的最主要的食品，也是维吾尔族饮食文化中别具特色的一种主食。千百年来，维吾尔族群众天天食用它。

馕，多以发酵的小麦面粉或玉米面粉为主要原料，辅以芝麻、洋葱、鸡蛋、清油、牛奶、盐、

馕

糖等。用小麦面粉做成的馕叫“阿克馕”,用玉米面做成的馕叫“扎克尔馕”。

馕有厚馕、薄馕、窝窝馕、甜馕、肉馕、小油馕等。这些种类繁多的馕,都是在馕坑中烤制而成的。

油塔子是维吾尔族群众喜食的一种面油食品，它色白油亮,层次很细,香软油多而不腻。油塔子的制作十分讲究,将发好的面平铺在案板上，擀薄拉平,越薄越好,抹上羊尾油,卷成圆形,均匀切开,入笼蒸。

食用时,用筷子从油塔子的上面夹住,向上一提,一层一层的拉了起来，如同宝塔一样,故名“油塔子”。它是维吾尔族待客的上乘食品。

香喷喷的手抓饭

抓饭,是维吾尔族最喜欢的传统食品之一，主要原料有大米、羊肉、胡萝卜、洋葱和清油,抓饭油亮生辉,香气四溢,味道可口,营养丰富。那香喷喷的气味,足以使你垂涎欲滴。

相传在一千多年前有个叫伊本·西纳的学者，在他晚年的时候,身体很虚弱,吃了许多药物也无济于事,后来他决定改药治为食补,他用大米、羊肉、胡萝卜、洋葱和清油混合做饭,经民间的补充与完善,形成现在的抓饭。

抓饭不仅是营养丰富的“大补”之饭,同时也是省力、省时,饭菜俱全、众口好调的理想食品，特别是在招待上百名客人时,做抓饭则能使人人满意。

抓饭往往因为用油不同,其味道和营养也不同,常见的用油有麻籽油、胡麻油、红花油、葵花籽油、棉籽油、菜籽油等,还有酥油、羊油和骨髓油的,其中以骨髓油的营养最高。

常见的抓饭用肉为羊肉、牛肉、鸡肉,也有选用雪鸡肉和野鸡肉。其补养价值就更高了。

鲜嫩可口的手抓肉

手抓肉是维吾尔族十分喜爱的一种以羊肉为主的肉食品。手抓肉的做法既方便又讲究,将宰好的羊肉放进凉水锅里,加火让羊肉锅慢慢烧开后,主人用勺子不停地舀锅里的汤往肉上浇。直浇到肉快熟时再放上盐,煮一会儿后、便可盛出食用。

一般来说,维吾尔族群众在煮羊肉时,不用任何调料,最多放些干姜皮就行了。这样煮熟的羊肉味道纯正、肉香、鲜嫩可口。

在食用之前,必须洗净双手,吃时,由主人用小刀削成小块,方便食用。为了增加口味,在肉上撒一些生洋葱味道就更美了。吃完肉以后,主人会给客人送来可口的羊肉汤,这就达到了原汤化原食的目的。

风靡全国的烤羊肉串

新疆的烤羊肉串可以说是风靡全国的一种风味小吃,受到广大群众的青睐。

烤羊肉串,维吾尔族称之为“卡瓦甫”,把肉切小薄片,用铁签穿上,放在燃烧着的无烟煤上烤,然后撒上些辣面子、精盐和孜然,数分钟即可烤熟。其色呈焦黄、油亮,味微辣,不腻不膻,嫩而可口。

烤羊肉串

维吾尔族家庭中来了客人,也常用烤肉招待。烤肉制作方法十分简单,将切好的羊肉片在不放清油的锅里翻炒，待快熟时，放上辣面、精盐和孜然翻炒，炒熟即可食用。其味道与烤制的羊肉串不差上下。

烤羊肉串虽然是风味小吃，如今却登上了大雅之堂，成了人们的高级名肴。其制作工艺大有改进和创新。

由过去的煤作燃料的烤炉烤制，现改为电烤炉，既迅速又卫生；由过去单一切片，改为肉末，加入蛋清、淀粉、孜然、辣面、精盐做成丸子，穿上竹签、在油锅里炸或在电烤箱里烤，凡食者，都会赞不绝口。

与烤羊肉串类似的烧烤类肉食，维吾尔族中还有馕坑烤肉、馕托肉、肚子烤肉等。比烤羊肉串更为隆重的烧烤肉食是烤全羊，将剔除骨头的羊肉塞进洗净的羊肚子，倒进适量的盐水拌匀，将肚子口扎紧，埋进被篝火烧烫的沙子里，闷烤适量的时间即可食用。

◆苗族民间饮食——用“酸”做调剂的美食

苗族以农业为主，以狩猎为辅。距今6千多年前，便已懂得了“饭菜过煮，得肉便烧”的饮食方法。多以大米为主食，玉米、红薯、小麦等为辅，杂以养麦、大麦、燕麦、高粱等。嗜酸辣咸，好烟酒茶。饲养家禽家畜，种植各种蔬菜。

特色乌米饭

云南地区苗人多吃菜饭，即将玉米面拌水反复蒸制，拌入青菜再蒸，香且软。

养面多蒸粑粑、烤粑粑，做疙瘩面汤、凉粉。邱北苗人多吃米面饭，将大米与养面混合蒸饭吃。也吃燕麦炒面、糯高粱粑粑。

贵州苗民大米是主食，杂粮

比重不大，但黔西北地区多食玉米、荞麦、燕麦、马铃薯。湘、黔、桂一带的人好吃乌米饭。

黔东一带人好用野生植物的花、叶染成五颜六色的糯米蒸成饭，称“姐妹饭”，在过“姐妹节”时吃。

湘西苗家早餐和午餐称作

苗族

“吃茶”，平日以素食为主。苗家还擅于制作豆豉、豆腐、灌肠、面酱等。好吃火锅，每有佳品，必架起小锅，放进蔬菜、肉、豆腐等，边涮边蘸辣椒盐水吃。

采集野生植物也是副食品的重要来源。例如野汉菜、野辣椒、牛百头菜、马蹄菜、毕蛇菜、野三七、多根、野墓头、荠菜、鸡窝菜等或煮或炒，可单吃也可与肉一起煮。

最香最美要数“酸汤鱼”

副食方面，苗家喜爱用盐和茶油。贵州一带苗民多吃酸辣汤菜。烹调方法多为煮或烤。因历史上受缺盐之苦，好腌制酸菜。

坛腌酸菜就有20多种，例如盐酸、糟辣、酸辣等。以各种蔬菜、辣椒、糯米为主料腌制的酸菜，可生吃，也可熟食。

酸汤煮鱼是苗家风味名菜，就是用酸汤煮制鲜鲤鱼。云南一带喜欢用嫩玉米或竹笋壳加米汤放坛中捂酸成酸汤，用酸汤煮鱼、肉，或与辣椒、盐一起泡饭吃，开胃助消化。

“最白最白的，要数冬天雪。

最甜最甜的，要数糖甘蔗。最香最美的，要数酸汤鱼”。这首优美的苗族民歌，运用朴实而又生动的对比，赞美了鲜香美味的酸汤鱼。苗族酸汤鱼，是苗族人民深为喜爱的传统佳肴之一，也为苗族聚居地区各兄弟民族共同喜爱。

据说苗家常以坛腌的多少来衡量一个家庭的富足情况。腌鱼是将鲜鱼剖洗净，揉进盐、辣椒粉，烘烤至半干，密封坛中发酵，食用时清蒸。

香茅草烤鱼也很有名，将巴掌大的鲜鱼剖洗净，用葱、姜、蒜、辣椒、花椒、油、盐等调成酱状物，塞入鱼腹，外裹香茅草，文火烘烤而成，皮黄骨酥，别有风味。

一家吃腌鱼，香遍一条街

苗族腌鱼，又称糟鱼。黔东南苗族侗族自治州的苗族侗族都加工腌鱼，但苗乡腌鱼的工艺、佐料和风味都别有特色。明代时，贵州大部地区以荞灰和高粱粥，酿成糟汁，掺以鱼、肉及佐料贮于坛内，称为侗鱼、侗肉，视为佳肴。

据民间传说，古代苗族要腌鱼，就把硬木大树截成段，挖空树心作容器，密封贮存。古代腌鱼工艺较简单，佐料品种少，随着经验不断丰富，用具、调味品增多，使现代苗族腌鱼的色、香、味、形俱佳。素有“一家吃腌鱼，香遍一条街”的赞誉。

油茶待客必须连喝4碗

苗家人爱饮酒。一般家庭能自制酒曲。用糯米、玉米、高粱等酿出甜米酒、泡酒、烧酒、窖酒。

茶是待客的饮料，茶的种类也很多。湘西苗家多用油茶待客。就是把五米、黄豆、蚕豆、红薯片、麦粉团、芝麻、糯米分别炒熟，用茶油炸一下，存放起来。客人到来，将各种炸品及盐、蒜、胡椒粉放入碗中，用沸茶水冲开。客人必须连喝4碗。

有的地方是把油、盐、姜、菜同炒，再加水煮沸，滤出渣滓，然后在碗内放玉米、黄豆、花生、米花、糯米饭、豆角、红薯丁、葱、蒜、胡椒粉等，冲入沸茶水。不但喝茶，还要唱茶歌。

喝茶时，如果客人不想喝了，就把一根筷子架在碗上即可，否则主人会一直请你喝下去。湖南绥宁县一带苗家多请客人喝“万花茶”。用冬瓜、桔子、南瓜一类的瓜果雕成花、鸟、禽、鱼等形状，经过数道工序制成香、脆、甜的食物。饮用时，取几块放入杯中，冲入沸水。

待客时，男女客人分开吃。长者先开杯，佳肴必先敬客。吃鸡时，鸡翅敬客人，鸡头归长者，鸡爪归小孩吃。一家之客也是全寨之客，各家争相宴请。用牛角盛酒敬客，是隆重的待客方式。

遇到过苗年一类的盛大节日，主寨方家家户户都做迎客准备，将酒放到芦望场或铜鼓坪上，把客人拥到寨里，由两人举牛角劝饮，鼓乐齐鸣，客人要一饮而尽。客人进家门时要饮“进门酒”，入席时要饮“转转酒”“劝杯酒”“双杯酒”等，还要唱助酒歌。

◆彝族的民间饮食——纯酿佳饮醉人心

彝族年是彝族最重要的一个节日，在彝族人的心目中有着非常重要的地位，就像我们过春节一样。在这个特别的日子里，他们有自己特殊的庆祝和饮食方式。

彝族年的“吃”

彝族的历史悠久，主要居住在山区地带，以玉米、荞麦、大麦、粟米等杂粮为主食。多做成疙瘩饭、粑粑。

“酸汤鱼”

民间多食酸菜与豆浆同煮的“多拉巴”。云南有的彝族人喜食昆虫。烹调中擅长煮、烤、炸等。善于腌制肉类和酸制菜类。喜好咸、酸、麻、辣四种口味。著名荞粑、面糊酸菜肉，云南的白水煮乳猪和锅巴油粉等。

“有酒便是宴”

彝家历来好客，劝酒一片真诚，他们说：“地上没有走不通的路，江河没有流不走的水，彝家没有错喝了的酒！”于是，秆秆酒、坛坛酒自然成为彝族酒文化的象征符号。

彝族的传统酒类是秆秆酒。秆秆酒用坛子盛装，饮用时，用细竹秆插入坛中吸饮或用它接入酒杯饮用。秆秆酒以其吸饮工具而得名。秆秆酒属水酒类，酒度低，酒味醇香浓甜，老少皆宜，一年四季都适合饮用。

每当岁时喜庆，彝家人每家每户都要各自酿造一坛醇美甘甜的坛坛酒。坛坛酒是用荞麦、高粱、小麦等粮食作物精酿而成的，它以酒味醇美甘甜受到人们的喜爱。

据说，昔年太平天国将领石达开行军至彝寨，好客的匀老兄弟曾邀请他痛饮坛坛酒，以示慰劳。

石达开在开怀畅饮席间赋诗助兴，留下了“千颗明珠一盏收，英雄到此也低头，五岳抱住擎天柱，一饮长江水倒流”的赞美佳句，至今仍在彝族民间流传。

凉甘甜泡水酒

泡水酒是一种很具民族特

色的水酒，美姑彝家酿造泡水酒之次数可以说是凉山之冠。从逢年过节到聚亲会友，都会提前备好泡水酒以助兴致。

彝族酿造泡水酒的历史可以追溯到原始社会末期石尔俄特时代，据传当时就有一个叫迪波阿支的人从青山箐林沼泽地边采集了各种草药配制出了酒曲，偶然的机会发明了酿酒之术，从此泡水酒便成了彝族先民生产生活中不可缺少的调节剂。

庆五谷丰登求六畜兴旺祈人丁繁衍都要酿上甘醇的泡水酒以祭献助兴，于是泡水酒也在彝民的生活中有了属于自己的文化内涵。

彝家秆秆酒

·迷你知识卡·

酒曲

在经过强烈蒸煮的白米中，移入曲霉的分生孢子，然后保温，米粒上即茂盛地生长出菌丝，此即酒曲。自古以来就把它和麦芽同时作为糖的原料，用来制造酒、甜酒和豆酱等。

第二章

民间美食味道全

◆壮族民间饮食——可吃到最正宗的白斩鸡

壮族的饮食，在种植稻米的地区，喜食大米饭、大米粥，喜欢用糯米制成各种粽子、糍粑、糕饼等食品，爱食酸品。

色、味、香俱全的五色饭

壮族的主食是稻米。此外有玉米芋头、红薯、木薯和荞麦，辅以黑饭豆、白饭豆和绿豆等。玉米仅次于稻米，品种齐全，其中的糯玉米是壮人培育的优良品种之一，可以用来做粽子和糍粑，和糯米一样可口。

糙米的脱粒在历史上用木槽，脱壳用水碾或石臼。磨玉米面用石磨。稻米的做法是焖饭、蒸饭、烫饭或煮粥。

壮族的节日特殊主食，代表了食品的民族特色。有色、味、香俱全的五色饭、糍粑、油堆和沙

壮族五色饭

糕；有外形奇特的各种粽子；有吃法与众不同的包生饭；有金灿灿的黏小米饭；还有无论是节日或平时都受欢迎的米粉。

待客上品——白斩鸡和烤猪

壮族的传统肉食，有猪肉、鸡肉、鸭肉、鹅肉、羊肉、牛肉、马肉，以及山禽野兽等。在这些肉食中，较有特色的是白斩鸡、烤猪和鱼生。

白斩鸡的做法是，将未下过蛋的雌鸡宰后拔毛，洗净掏出内脏，腹腔内抹少许盐，放入一团生姜，入清水锅中，煮到八九成熟捞起，切成一寸长的肉块。蘸以姜、蒜、葱、香菜、生抽、盐、鸡油等调成的佐料吃，鲜美嫩脆，味香可口，是壮人待上客的佳肴。

烤猪是将本地产的一种三四十斤的肉猪，肉质细嫩，不长肥膘，杀后去其内脏，在皮上涂上各种香料，用铁条或竹子将整个猪穿起，架在炭火上，慢慢转动烤烘，待皮黄脆，肉熟透时，便拿来切成方块，装碗上席。

鱼生是将三至五千克重的鲤鱼或草鱼，刮鳞洗净，去其内脏、拔去鱼骨，再用纱纸把鱼抹干，切成薄片，装入大盘子里，加入麻油、香菜、花生、姜、葱、蒜、糖、醋、盐等，拌匀后稍腌即吃，味鲜香甜可口。

壮族民间，每年农历八月十五中秋节，家家户户都做鱼生吃。

蛤蚧酒、三蛇酒为药酒名品

壮人喜爱吃炒菜，炒菜稍熟即可吃，味道新鲜，又有营养，壮人很少吃炖菜。壮人对山货的食用有特别的爱好，以竹笋、银耳、木耳、菌类最为名贵。

壮人过去的酒水主要是自家熬酿的米酒、白薯酒和木薯酒，度数都不高。其中米酒是过节及待客的主要酒水。做甜酒壮人已有上千年历史。壮人习惯，客人到先敬甜酒，以示欢迎。

壮族的其他酒，如蛤蚧酒、三蛇酒等，均属于药酒，蛤蚧酒是用蛤蚧、当归浸泡好酒而成，有补肾、壮阳、润肺等功效。

三蛇酒

三蛇酒是用去毒的过山龙、扁头风、金环蛇或银环蛇浸泡好酒而成，其中也加入一些草药，是一种名贵的药酒。壮族传统的夏天清凉饮料是凉粉果汁。

凉粉果是一种小灌木丛的果实，大如鸭蛋，皮青绿色，里边有白色液体，经过加水和加热，形成一种透明的半流体，加些红糖水作饮料，清凉甜爽，口渴马上缓解。

壮族妇女爱嚼槟榔

壮人爱吃的水果有果蔗、金桔、柚子、碟子柑、扁桃、菠萝、菠萝蜜、香蕉、荔枝、龙眼、黄皮、橄榄和芒果等。

有些水果壮人有自己的吃法，比如鲜菠萝片要蘸些盐水，才甜脆可口。还可以做罐头，酿造香醇的菠萝酒。

桂圆经晾晒成桂圆肉，是有名的特产，壮人用它做补品，也用来做炖鸡、炖鸭的高级配料。还有的用桂圆肉冲泡鸡蛋茶，作为滋补点心。

壮族妇女还嚼吃槟榔。廉州壮族妇女出门打伞，伞柄上总挂着槟榔包。

◆布依族民间饮食——闻名遐迩的姑娘茶

布依族主要聚居在中国西南地区贵州省一带。其余散居于云南、四川、广西等省。布依族以农业为主，种植水稻的历史较为悠久。

汤圆、花饭和芝麻油团粑最有名

布依族普遍喜食糯米，并常当成改善生活或调剂口味的主食。民间喜欢用一种专门的炊具“甑子”把米蒸成米饭。布依人嗜酸辣，酸菜，酸汤和辣椒几乎每餐必备，尤以妇女最喜食用。

布依人闲时每日两餐，忙时三餐。以大米、玉米为主食，小麦、高粱、薯芋和豆类为辅。有木罐、鼎罐炊饭，油焖饭等花色品种。其中，糯米制的汤圆、花饭和芝麻油团粑最为知名，多用于祭祖或宴客。

布依族有的节日与汉族相

布依人闲时每日两餐

类似，有些则为本民族所专有，其中，正月初九“煮生食”，正月三十吃“芝麻油团粑”，三月三吃“苞谷花”，四月八吃“四色糯米饭”，六月六吃“煮鸡”等。

在“四月八”，很多布依族都用枫香叶、黄饭花、染箪花等各种植物枝叶把糯米染成五颜六色，做花糯米饭招待客人和分送给亲朋好友。

“肥羊抵不上瘦狗”

布依人酷嗜狗肉，有“肥羊抵不上瘦狗”之说。贵宾来家做客，杀狗款待是一种很高的礼遇。他们挑狗的标准是“头黄二黑三花斑，白狗肉味最平淡”烤炖狗肉、狗灌肠、花江狗肉都驰誉一方。贵州的布依族若遇婚丧嫁娶，喜用黄牛做菜。

冷菜、青苔冻肉、拌豌豆凉粉等，是布依人喜欢的食品。

六道酒礼与姑娘茶

酒在布依族日常生活中占有很重要的位置。每年秋收之后，家家都要酿制大量的米酒储存起来，以备长年饮用。布依族喜欢以酒待客，不管来客酒量如何，只要客至，都以酒为先，名为“迎客酒”。饮酒时不用杯而用碗，并要行令猜拳、唱歌。

姑娘茶

布依族重礼好客，贵宾到来，必有进门酒、交杯酒、格当酒、转转酒、千杯酒和送客酒六道酒礼。若是敬献猪肉，是祝客人来年养大猪，收成好；若是敬献鸡肉，鸡头奉给首客，象征吉祥如意，鸡翅奉给次客，表示腾飞，鸡腿奉给三客，意为脚踏实地。

宴席中还唱《祝酒歌》和《宵夜歌》,前者是殷殷劝酒,后者要将餐桌上的所有物品、食品都一一唱出,表现出他们的心智和才华。

布依族地区有一种茶不仅味道别具一格,名字也十分好听,这就是姑娘茶。清明前夕,姑娘上山采回茶尖嫩味,热炒后保持一定的湿度,然后把茶叶一片一片叠成圆锥体,晒干,然后再经过加工,就做成一卷一卷圆锥体的姑娘茶了。

姑娘茶不仅形状优美,而且质量精良,是茶叶中的精品。这种茶叶只赠亲朋好友。在谈恋爱或订亲时,由姑娘赠送给情人。姑娘茶,姑娘采,姑娘做,这就是姑娘茶茶名的来历。

腌菜“盐酸”驰名中外

大部分布依族都善制作咸菜、腌肉和豆豉,民间特有的腌菜“盐酸”驰名中外。还有血豆腐、香肠及用干、鲜笋和各种昆虫加工制作的风味菜肴。还善于调制糟辣、面辣和泡菜,以香鲜酸辣为美。

在宰猪时布依族习惯在血盆中先放较多的食盐,然后与猪血一起搅动,防止猪血凝固,把葱花、佐料,加肉末下水烧汤,待汤冷却至室温,与猪血一起搅拌稀释,存放至凝固,即可食用,称为“生血”或“活血”,作为待客的最好菜肴。

◆朝鲜族民间饮食——白山黑水间的绵长回味

朝鲜族的传统风味食品很多,其中最有名的是打糕、冷面、泡菜。

冷面、打糕还有五谷饭

朝鲜族喜欢食米饭,擅做米饭,用水、用火都十分讲究,做米饭用的铁锅，底深、收口、盖严，受热均匀，能焖住气儿，做出的米饭颗粒松软，饭味纯正。

朝鲜族吃五谷饭由来已久。每逢正月十五，农民用江米、大黄米、小米、高粱米、小豆做成五谷饭吃。还拿一些放到牛槽中，看牛先吃哪一种，便表示哪种粮食这一年能获丰收。这种风俗，至今还在民间流传。

打糕是朝鲜族最爱吃的传统食品之一。打糕的历史比较长，早在18世纪朝鲜族的有关文献中已有记载，当时称打糕为“引绝饼”，并称引绝饼已称为传统食品之一。如今，凡逢佳节或红白喜事，每家都用打糕来招待亲朋好友。

打糕的原料主要是糯米。不产糯米的地方，则用小黄米或糜子；所洒的豆面原料，除用小红豆外，还可以用黄豆、绿豆、松子、栗子等。

冷面也是朝鲜族传统食品之一。朝鲜族人不仅在炎热的夏天爱吃冷面，即使在寒冬腊月里也喜欢坐在炕头吃冷面。特别是每年到农历正月初四中午，朝鲜族有全家一起吃冷面的习俗。据民间传说这一天吃面条，可以“长命百岁”，故冷面也称作“长寿面”。

冷面的主要原料是荞麦面、小麦面和淀粉，也可用玉米面、高粱面、榆树皮面和土豆淀粉制

辣白菜

作。即在荞麦面中加淀粉、水，和匀成面条，煮熟后用凉水冷却，加香油、辣椒、泡菜、酱牛肉和牛肉汤制成，吃起来清凉爽口，味道鲜美。

米酒是待客佳饮

喝“耳明酒”是朝鲜族的风俗。正月十五早晨，空腹喝耳明酒，以祝耳聪，此酒并非特制，凡是在正月十五早晨喝的酒，都叫“耳明酒”。

米酒是朝鲜族爱喝的一种饮料。米酒是他们招待客人的佳品，如有客人来访，主人总要端上来一碗自家酿制的米酒。这种酒比黄酒的色稍白一点，而且还略带甜味。这种米酒后劲十足。

长辈一起喝酒时，要把头移到旁边去喝，切不可面对着长辈举杯饮酒，否则就是对长辈的不尊重。

“三伏狗肉汤”

朝鲜族菜肴食用后大都有一定的滋补和医疗作用。如春天食用的“参芪补身汤”、伏天食用的“三伏狗肉汤”、冬天食用的野味肉和野味汤等。

三伏是一年中最炎热的季节。可是朝鲜族在三伏天却有宰狗吃狗肉汤的习俗。这种酱汤别有风味，在三伏天吃狗肉酱汤可大补。

朝鲜族大多数人爱吃狗肉。然而在节日，或办红白喜事时是绝对不准吃狗肉的。这是一种习俗，也是一种礼节。

辣白菜是朝鲜族的最爱

朝鲜族日常菜肴常见的是“八珍菜”和大酱菜汤等。“八珍菜”是用绿豆芽、黄豆芽、水豆腐、干豆腐、粉条、桔梗、蕨菜、蘑菇八种原料，经炖、拌、炒、煎制成的菜肴。

大酱菜汤的主要原料是小白菜、秋白菜、大兴菜、海菜等以酱代盐，加水焯熟即可食用。

咸菜是日常不可缺少的菜肴。朝鲜族泡菜做工精细，享有盛誉，是入冬后至第二年春天的常备菜肴。泡菜味道的好坏，也是主妇烹调手艺高低的标志。

辣白菜是朝鲜族最爱吃的传统食品之一。每年冬天，大白菜下来后，他们就开始制作辣白菜了。此时无论是农村还是城镇，家家都要做，少则几百斤，多则上千斤，因为要持续吃到第二年的春天。

辣白菜，清香爽口，有解腻解酒、助消化、增食欲之功效，既是平日家中的常菜，又可以上宴席，成了朝鲜族日常饮食中所不可缺少的一道菜。

◆满族民间饮食——霸气外露的“满汉全席”

满族

针对满族的饮食习俗，清末民初时的乡谣概述的较有情趣：“南北大炕，高桌摆上。黄米干饭，大油熬汤。膀蹄肘子，切碎端上。四个盘子，先吃血肠。”又云：“黏面饼子小米粥，酸菜粉条炖猪肉。平常时节小豆腐，咸菜瓜子拌苏油。”

色、香、味、形俱佳的萨其玛

满族人一日三餐，习惯早晚吃干饭或稀饭，中午吃用黄米或高粱做成的饼、糕、馒头、饽饽、水团子之类。

饽饽是由黏米做成的，有豆面饽饽、苏叶饽饽、黏糕饽饽等。

根据不同的季节制作不同的饽饽，一般春天做豆面饽饽，夏日做苏叶饽饽，秋冬做黏糕饽饽。豆面饽饽是用大黄米、小黄米磨成细面，再加进豆面蒸制而成。

这种饽饽颜色呈金黄，有黏性，味香可口。苏叶饽饽是用黏高粱面和小豆的豆泥混合拌匀，外用苏叶包起来蒸熟的。这种饽饽有一种苏叶的特殊香味，别具风味。

黏糕饽饽是用大黄米和小黄米浸泡之后磨成面，在黄米面中间包上一些豆泥蒸熟后制成的。这种饽饽用油煎着吃，或沾着糖吃，既香又甜。

萨其玛是满族传统风味糕点。做法是将鸡蛋去壳后加适量的水，搅打起泡后倒入和好的面中，揉成面团，然后擀成薄片、切成细条，用油炸成黄白色捞出，再将糖和水放进锅内烧开，制成糖稀，再将炸好的细面条用糖稀拌匀，倒进铺以芝麻、瓜子仁、青红丝的一只木框内压平，用刀切成方块制成。这种食品色、香、味、形俱佳。

自制米酒——朱酒

酒对于北方民族来说是饮品中不可缺少之物。无论节庆、祭祀、亲友相聚等都少不了酒的陪伴，这是北方的特殊气候及北方民族豪爽的性格所致，酒到兴致还要歌之舞之，甚至在满族人的喜宴时“客饮至半酣时，妇女俱出敬酒，以大碗满斟，跪于地

满族喜欢吃火锅

奉劝,俟饮尽乃起”。

朱酒是满族人家自制的一种米酒,又称之为米儿酒、黄酒、芦酒等。

米儿酒就是使用大黄米、小黄米制的酒,大黄米、东北人亦称之为糜子,是一种粘性的粮食,是东北的特产,早被满族人认识,并且耕种,用来食用,也可用来制酒。

芦酒是指制酒的原粮用芦粟,又称之为粘高粱。另外还有人称之为秋酒、黄酒,秋酒是指季节,秋天新粮下来之后制酒,有资料说满族春秋都制酒,仅称为秋酒并不准确,而黄酒则指的是酒的颜色,百姓自制米酒,没有过滤的办法,酒呈淡黄色,并显得很浊。

著名的古代筵席——“满汉全席”

满汉全席是我国最著名的、规模最大的古典筵席。又称满汉燕翅烧烤全席。满、汉族合宴名称。它是我国烹饪技艺发展的一个高峰。

席上珍肴有熊掌、飞龙鸟、猴头、蛤土螺、人参、鹿尾、驼峰等,其中猪肉比重较大。做法多是烧、烤、煮、蒸。火锅类、涮锅类、砂锅类菜肴占突出地位。以干鲜果品、蜜饯为主要配料的菜肴,必不可少。

满族人还喜欢吃火锅。火锅这种吃法在满族先民中已有上千年的历史。在古时,女真人在狩猎时,常用篝火烧陶壶来煮食物吃,塞外天寒,往往边烧边吃,这是火锅的雏形。后来随着金属器皿的广泛使用,使火锅正式诞生。

满族的副食中肉类以猪肉为主,菜肴主要有白肉血肠、酸菜和火锅,颇具特色。

猪肉的做法讲究白片,即白片肉。所谓白片肉并非指肥肉切

片，而是将猪肉方块煮熟后趁热切成薄片，不做任何加工，不加调料。白片肉中五花肉为上乘。

蔬菜除日常食用的家种蔬菜外，尚按不同的时节，采集蕨菜、刺嫩芽、大叶芹、枪头菜、柳蒿、四叶菜等山野菜及木耳、各种蘑菇等，或炸或熬或炖，吃法不一，也是满族的传统食俗。

酸菜和小豆腐是冬季主打

满族的冬季菜肴主要是酸菜和小豆腐。东北冬季寒冷，时间较长，为备足越冬蔬菜，除贮藏白菜萝卜外，家家都渍酸菜。渍制方法是将理好的白菜，用热水浸烫后置入缸中发酵后而食。酸菜可做汤、填火锅、做馅等食用。

小豆腐是将大豆磨碎，加入适量干菜煮熟，然后团成团放室外冷冻，用时拿一团放入锅内加热，拌酱而食。

制作小豆腐的由来，据传是满族先祖居住的地区，食盐和卤水很昂贵，做小豆腐不用加卤水，久而久之，这种吃法便成为满人的习惯并沿用至今。另外满族酿制的大酱也是颇有历史传统的。

满族除喜食家植果品外，尚喜食野果。诸如山葡萄、山里红、元枣子、山核桃、桑葚、稠李子、松子、榛子等。果品除鲜食和干食外，尚喜用蜂蜜渍制而食，称作蜜饯。

◆侗族的民间饮食——神奇的嗜“酸”民族

侗族的饮食文化自成一体，大致可用“杂”“酸”“欢”三个字来概括。在其丰富多彩的饮食文化中包含了许多神奇的内容。

侗族饮食文化也带有浓郁的民族色彩，保留着浓厚的民族传统，如“侗不离酸”“侗不离鱼"的饮食习惯，食油茶、黑糯米饭和"腊也"的食风，无不反映出侗族饮食文化的民族特点。

糍粑

奇异的"吃抟饭"

侗族主要以"禾"米为主食，以粳米、小米、包谷、小麦、薯类为辅。按稻米的性质分为糯米饭和粳米饭两种。

以糯米作各种菜肴的配料，是食俗的一大特色。杀鸡宰鸭，用鸡鸭汤煮糯米粥，撒些葱花、薄荷，别具风味；糯米和鸡血、鸭血混合，煮熟后切小块，拌上香料炒，又成为别具风味的菜肴，称为"狼棒"也是一款鲜美的佳肴。

此外，糯米还用来做粽子、糍粑、打油茶。侗族地区大多日食四餐，两饭两茶。饭以米饭为主体。平坝多吃粳米，山区多吃糯米，糯米种类很多，有红糯、黑糯、白糯、秃壳糯、旱地糯等等，其中香禾糯最有名。

他们将各种米制成白米饭、花米饭、光粥、花粥、粽子、糍粑等，吃时不用筷子，用手将饭捏成团食用，称为"吃抟饭"。

"抟饭"尤为甘美，有"一家蒸饭，全寨飘香"之说。侗族人喝的茶专指油茶，它是用茶叶、米花、炒花生、酥黄豆、糯米饭、肉、猪下水、盐、葱花、茶油等混合制成的稠浓汤羹，既能解渴，又可充饥。

"三天不吃酸，走路打倒蹿"

侗族日常喜食酸品，侗家有句俗语，"三天不吃酸，走路打倒蹿"。

在侗族食品中，酸食冠于菜肴之首，几乎每家每户都置有五六个酸坛或酸桶。侗族的酸食种类也很多，有荤酸、素酸、煮酸、腌酸之别。

腌酸品，一年四季皆可，有什么荤素品，就腌制什么。尤其是腌鱼，久负盛名，具有酸、辣、甜的特点，肉鲜味美，十分开胃。不仅平日食酸，而且待客送礼、红白喜事、敬神祭祖，皆不离酸。

蔬菜大多制成酸菜。鱼鲜包括鲤鱼、鲫鱼、草鱼、鳝鱼、泥鳅、小虾、螃蟹、螺蛳、蚌之类，可制成火烤稻花鲤、草鱼羹、鲜炒鲫鱼、吮棱螺、酸小虾、酸螃蟹等风味名肴。

肉品主要是猪、牛、鸡、鸭肉，吃法与汉族差别不大。瓜果有刺梅、猕猴桃、乌柿、野杨梅、野梨、藤梨、饱饭果、刺栗、大王泡，以及松村嫩皮、桑树嫩皮、香草根等。

野味包括鼠、蛇、蝌蚪、四脚蛇、幼蝉、幼蝗、土蜂蛹、石蛙、穿山甲、囡囡鱼、麋鹿、梅花鹿、麂子，以及吃松果长大的松香鸡和松香猪，侗族均能巧加利用。

菌耳方面有松菌和鲜美的鸡丝冻菌，还有可制粑粑与粉丝的藤根、葛根，水田生长的细微苔丝，随处可见的竹笋。

醇香异常的"甜酒酿"

侗族嗜好酒，平日常以酒解乏。遇喜庆事更以酒为礼，以酒为乐。家家会自酿自烤米酒。酒多以糯米酿成，有的经过蒸馏，有的连酒带糟一起饮用。

侗族好饮自酿米酒。米酒制

甜酒酿

法与周边各族相同，以糯米酿制。制成后冲上清凉的井水或泉水饮用,消疲劳,解干渴。

还喜欢用糯米甜酒酿成的“重阳酒”,即在农历九月用新糯米酿成“甜酒酿”,密封于坛内,置火塘边慢慢温烤,或埋在肥堆里,让其发酵,春节时取出来饮用。此酒液黏结成丝,味甜过蜜,醇香异常,十分诱人。

“侗族茶道”

油茶在侗族饮食中有重要位置。有的地方,早、晚两餐都吃油茶。打油茶被称为“侗族茶道”,广泛地用于社交、喜庆活动。

油茶,用猪油、大米、黄豆或红豆、花生、茶叶等配制而成。先将大米炒成半黑,放入较多的猪油,加上开水、黄豆等一起煮。

煮熟以后放进一些熟饭拌匀，最后加进大片特制的茶叶。油茶煮好以后香味扑鼻。在吃的时候,碗里放一二块糍粑,上面放一些炸糯米花,异常可口。

侗族的油茶因配料不同,可分为糯米粑粑油茶、糯米水圆油茶、香皮藤粑粑油茶、艾叶粑粑油茶、虾子鱼仔油茶、猪肝粉肠油茶等。均咸香可口,味道鲜美,营养丰富。

侗族还有一种“豆茶”,制法与油茶不致相同，味道清淡,是用糯米花、苞谷或黄豆、焦米、新茶共煮而成,主要在喜庆活动时饮用。

◆瑶族民间饮食——就地取材的山地食俗

瑶族是一个古老的民族,主要分布在中国南方几个省区的山区,是中国南方一个比较典型的山地民族。他们以务农为主,实行轮耕,兼营狩猎、捕捞与采

集，手工业较发达；聚居区出产优质红米和药材。

便于携带的冷食

瑶族居民的主食以玉米、大米、红薯等为主。日常菜肴有黄豆、饭豆、南瓜、辣椒和家禽等。桂北地区的一部分瑶族盛行“打油茶”，即以油炒茶叶煎汤，佐以生姜、辣椒、食盐调味，趁势冲泡炒米、炒豆、米花之类同饮，具有特殊的风味。

居住山区的瑶族，有冷食习惯，食品的制作，都考虑便于携带和储存，故主食、副食兼备的粽粑、竹筒饭都是他们喜爱制作的食品。劳动时瑶族均就地野餐，大家凑在一块，拿出带来的菜肴共同食用，而主食却各自食用自己所携带的食品。

云南的一些瑶族喜欢将蔬菜做得十分清淡，基本上是加盐白水煮食。有的直接用白水煮过之后，蘸用盐和辣椒配制的蘸水，以保持各种不同蔬菜的原味。

香气浓郁的木甑蒸饭

节日里因为人多，饭一般不用铁鼎锅煮，而用木甑蒸，这种饭香气更浓。每逢节日，瑶族人家还要做粑粑。节日菜肴主要是鸡、鸭、鱼、猪肉、豆腐、粉丝以及各种蔬菜。

五岭山脉的瑶族，节日里喜作豆腐圆，包“荷包扎”。盘王节每隔若干年才举行一次。过去过盘王节时，都要大量宰杀牲畜，进行祭祀。祭春每年都要进行，一般都选在农历三月，届时青年男子要上山围猎，下河捉鱼；妇女则要包粽粑，蒸五色糯米饭。

花篮的瑶民在除夕晚上要先以一块肉和一团粑粑给狗吃，名为祭狗，然后家人才能进餐。他们认为谷种是狗带来的，先祭狗是预祷五谷丰登。节日菜肴要丰富多彩，除鸡肉外，还有河鲜和捕猎的山禽野味及豆腐。

有的地方瑶族四月八节还要煮乌米饭。在湖南江水县的瑶族姑娘，每年农历四月初八过“野餐节”时要吃花蛋，制作花粑粑，吃花糖。姑娘们在吃花蛋、花糖和花粑粑时，小伙子不许偷看，违者还要受罚。

独具风味的“鸟酢”

瑶族人喜爱吃腌制食品。“鸟酢”，是瑶族独具风味的著名食品，用鸟肉腌制而成。将捕获的鸟去毛洗净、晾干，拌以米粉及食盐，放入一个小口瓦坛内，用芭蕉叶封住坛口，数日后即可取食。

瑶家人常用“鸟酢”来招待贵客。有时，还用这种方法腌制猪、牛、羊肉等。

瑶族人也喜欢吃虫蛹，常吃的有松树蛹、葛藤蛹、野蜂蛹、蜜蜂蛹等。瑶族人还喜欢利用山区特色自己加工制作蔗糖、红薯糖、蜂糖等。

“敬茶洗澡接风酒”

瑶族人大都喜欢喝酒，一般家中用大米、玉米、红薯等自酿，每天常喝两三次。云南瑶族喜用醪糟泡制水酒饮用，外出时，常用竹筒盛放饮时对水。

木甑蒸饭

瑶族还喜用桂皮、山姜等煎茶，认为这种茶有提神、清除疲劳的作用。很多地区的瑶族喜欢打油茶，不仅自己天天饮食，而且用油茶招待宾客。逢清明节时，各家各户都要做染色花饭吃。宴客有号称“瑶家三礼”的“敬茶洗澡接风酒”;全寨公宴贵宾的“碗酒串肉”;山珍野味杂陈的“献鲜”;以名珍“水龙肠”接风的“龙肠席”等。此外,还有调解民事纠纷的“上门挂红酒”,宣布断交撵人的“炒豆煮蛋”。

其中,不少食俗颇有意趣,例如求婚带一包肉和两葫芦米酒,女方同意便收肉不同意则刺破葫芦;择婿常有“埋蛋”之举,视其变化决定取舍;姑娘出嫁向乡邻分赠焦黄豆;离婚仪式为“破竹筒”,离婚双方各提一筒酒,交换饮毕砍破竹筒后就此和气分手。

喜洲粑粑

◆白族民间饮食——颇有茶道艺术的“烤茶”

白族主要聚居在中国南方云南省大理白族自治州。白族以农业为主,种植水稻、小麦、玉米、荞麦、蚕豆、薯类。雪梨、柑橘和论茶是著名特产。

白族日常饮食以一日三餐为主,农忙或节庆用则增加一次早点或午点。平坝地区多以大米、小麦为主食,山区常吃玉米、洋芋和荞麦。主食一般蒸作干饭,下地携带。

喜洲粑粑

大理喜洲粑粑又名破酥,是一种色、香、味均佳的麦面烤饼,是大理城乡的一种风味小吃,以喜洲白族传统粑粑最为有名。

小麦粉是喜洲粑粑的主要原料,发面相当讲究,要加适量上碱，揉透，再用精油分层，撒上葱花、花椒、食盐为咸味；加火腿、肉丁、油渣、红糖包心为甜味。

然后放入油锅中烘烤。大约十分钟后，一锅黄灿灿、香喷喷、又酥又脆的“破酥”出锅了。喜洲粑粑不仅色美味香，而且价廉实惠，向来一直作为日常生活中的方便食品，备受人们的欢迎，同时，也是外出劳动或旅游的绝好便携食品。

“喜洲土八碗”

白族注重节庆，几乎每节都有一至数种应景食品。如春节吃叮叮糖、泡米花茶和江斋饭；三月街吃蒸糕和凉粉；清明节吃凉拌什锦和斋筵香；端午节吃粽子和雄黄酒；尝新节吃新豆、嫩瓜和陈谷掺新米饭；火把节吃甜食和各种糖果；中元节吃羊肚菌和检鱼包肉；中秋节吃白饼和醉饼；重阳节吃肥羊；冬至节吃炒养粒和羊肉场，生活过得有滋有味有节奏。

白族婚宴习惯用“喜洲土八碗”，由八道热菜组成：添加红曲米的红肉炖；挂蛋糊油炸的酥肉；加酱油、蜂蜜扣蒸的五花三线肉千张；配加红薯或土豆的粉蒸肉；猪头、猪肝、猪肉卤制的干香；加盖肉茸、蛋屑的白扁豆；木耳、豆腐、下水、蛋丝、菜梗氽制的杂碎；配加炸猪条的竹笋。

炖梅、雕梅和乳扇

大理地区产梅，尤以洱海东岸，绵延百里的半山半坝地区到处是梅树林。梅有苦梅、盐梅两种。用苦梅制作的炖梅，是白族人民喜欢的调味品。

炖梅是将苦梅放入沙罐，加上盐和花椒，盖严后，置于火塘正中，周围堆上稻壳，点燃后，用微火连着炖上一至两天。这时，黑色的炖梅味道酸香异常，老百姓常用作吃生皮的调料，或加上红糖做成炖梅汤。炖梅耐贮，能放上一二年而不坏。

产于洱源县的雕梅，制作时先用石灰水将盐梅浸泡。取出晾干后，用小刀在梅上雕刻连续曲折的花纹，并小心挤出梅核，使其中空若缕，压扁后其状似一朵朵盛开的菊花。这时，放入酒中浸泡，再用红糖浸渍。几个月后开瓶取出，雕梅色泽金黄，清香四溢，是洱源县出产的上乘果品。

洱源邓川坝，土地肥沃，水草丰美，这里的农家素有饲养乳牛的传统。当地出产的乳扇，为远近驰名的特产。先将鲜牛奶发酵成酸奶水，再放入锅内加热至60℃~70℃，随即倾入鲜牛奶，并用竹筷轻轻搅动，使奶中的蛋白质和脂肪等渐渐凝结成絮状，再用竹筷摊成薄片，晾在竹架上风干而成。

黄中带白、纯洁光亮、薄似纸张的乳扇，富含蛋白质、脂肪等，营养丰富。它可以生吃，也可煎、蒸、烤吃。但最好是用香油煎成淡黄色，取出置凉，又脆又香，尤为可口。

·迷你知识卡·

麻油

一般指麻籽榨的油，在不少地区是花椒油的称呼，尤其是四川花椒油，在南方也可以指芝麻榨出来的油。

第三章

民间美食见真情

土家餐桌

◆土家族民间饮食——古朴原味的酸辣之风

土家族菜肴以酸辣为其主要特点。民间家家都有酸菜缸，用以腌泡酸菜，几乎餐餐不离酸菜，酸辣椒炒肉视为美味，辣椒不仅是一种菜肴，也是每餐不离的调味品。

主食是最常见的包谷饭

土家族人最爱吃粑粑、腊肉、油茶、白辣椒等食品，此外还有合菜，土家族逢年过节最常吃的菜，时常同包谷烧酒一起上桌；团馓，土家族风味小吃，用糯米饭加工后炸制而成，常用来泡水当茶为客人洗尘；绿豆粉，用大米绿豆等原料制成；油炸粑，又名油香或“灯盏窝”，是以大米、黄豆为主要原料炸制而成。

土家族日常主食除米饭外，以包谷饭最为常见，包谷饭是以包谷面为主，适量地掺一些大米用鼎罐煮，或用木甑蒸而成。有时也吃豆饭，即将绿豆、豌豆等与大米合煮成饭食用，粑粑和团馓也是土家族季节性的食品。

过去红苕在许多地区一直被当成主食，现仍是一些地区入冬后的常备食品。

甜酒和咂酒是节日必备

土家族民间十分注重传统节日，尤其以过年最为隆重。届时家家户户都要杀年猪，染成红、绿色，晾干而成，做绿豆粉、煮米酒或咂酒等。猪肉合菜是土家族民间过年、过节必不可少的大菜。每年农历二月二日称为社日，届时要吃社饭。

端阳节吃粽子。糯米粑粑是土家族民间最受欢迎的食品之一。重阳节打粑粑，女儿“坐月”送粑粑，修房上梁抛粑粑。节日里馈赠亲友，一般也都是互送粑粑。除糯米粑粑外，还有高粱粑粑、小米粑粑、包谷粑粑等。

无论婚丧嫁娶、修房造屋等红白喜事土家人都要置办酒席，一般习惯于每桌九碗菜、七碗或十一碗菜，但无八碗桌、十碗桌。因为八碗桌被称勺吃花子席，十碗的十与石同音，都被视为对客人不尊，故回避八和十。

长街宴

土家族的饮酒，特别是在节日或待客时，酒必不可少。其中常见的是用糯米、高粱酿制的甜酒和咂酒，度数不高，味道纯正。

腊肉是上等大菜

腊肉是土家族的上等大菜。冬至一过，将大块的猪肉用盐、花椒、五香粉腌制好，吊挂在火炕上，下烧柏树枝田，烟熏而成。

湖南湘西的土家族待客喜用盖碗肉，即以一片特大的肥膘肉盖住碗口，下面装有精肉和排骨。为表示对客人尊敬和真诚，待客的肉要切成大片，酒要用大碗来装。

十分考究的油茶汤

土家人的油茶汤，制作十分考究。先将茶叶、粉丝、黄豆等物，用油炸过，加煮熟的腊肉粒、豆腐颗和玉米泡，再加葱花、姜米等佐料，掺上烧沸的油汤，吃起来清香爽口。

泅茶汤冬可暖身，夏可消暑，提神解乏，疗饥醒酒，许多人四季不离，每日必饮。它是土家人待客的传统民族饮料。

◆哈尼族民间饮食——百米长宴见真情

哈尼族人大多居住在半山区和溪谷旁。气候温和，土地肥沃，适合于各种农作物的生长。因此，哈尼族以大米、玉米为主食，喜欢吃酸、辣食品，善腌酸菜。哈尼族烹饪方法独特，具有本民族风味特点的典型食品很多。

风味别致的野生菜肴

在春暖花开夏季漫山葱绿的季节里，哈尼姑娘无论上山砍柴、锄地，或下田栽秧、锄草，总喜欢随手采集一把可以食用的野菜野果带回家，调制风味别致的野生菜肴，供全家食用。

如甜菜、树头菜、羊奶菜、灰

条菜、蕨菜、水芹菜、苦麻细，揉拌以花椒粉、盐、八角粉、炒米面、姜丝及醇酒，然后盛入扑水罐中，约经半年腌制，便成酸炸肉。

吃时掏一捧出来，放入锅中蒸熟，扑的时间愈长，其味愈加香浓醇厚。用餐时每每必不可少的是带酸辣香味的蘸水，多用薄荷、香椿、葱花、香草、芫荽、姜、蒜、辣椒调制而成，每菜必“打”一下蘸水才进口，一口五味全。

名贵佳肴——火熏腊肉和干巴

哈尼人又善于精打细算，常常把吃鲜剩余的猪肉、牛肉脑制成别具风味的火熏腊肉和干巴，常年储备以待客。

腊制时，将肉切成条状，撒上花椒面、盐、八角粉等香料，捂腌一昼夜后，便悬挂于火塘之上，任其烟火熏烤，半月或一月后，腊肉和干巴均呈紫红色，喷香异常而略含鲜味，取下装进一只特制的大篾笼中，悬挂屋梁上，则一年四季都可备吃了。

火熏腊肉和干巴是哈尼族名贵佳肴呢！哈尼族男子喜食猪、羊鲜血制作的“剁生”，俗称“白旺”，被列为杀猪宰牛期间必不可少的名菜。

火熏腊肉

剁生实际是一种用猪、羊鲜血做的凉拌菜。先以适量的椒盐放在瓦盆中，即将瓦盆接在喷涌的血口前，使其血盐交融，并用筷迅速搅拌，以姜汁、蒜汁、皮菜根，炒肝和炒花生米面做佐料。待食用时，冲一碗冷开水进血盆中，并将各种佐料撒在血盆里，血凝固佐料撒完，即成剁生。

土法腌制美味“谷花鱼”

哈尼族善于利用土特产原料腌制咸菜、烹调肉食和调理民族菜肴。如用花椒、香蓼、薄荷、生姜、皮菜调制稻田中放养的“谷花鱼”，谷花鱼头小体肥，肉厚刺软，肉质鲜嫩，因生长在山区稻田中，吃稻田中抖落的谷花而得名。

每年的谷秧栽插后，将鱼苗放入田中，让其自然生长，秋收时放水捕捞。这种鱼大的有半斤多，小的也有二三两，吃时拌以花椒、香蓼、薄荷、生姜、皮菜等佐料，味道鲜美。

还有用盐、胡椒、草果、鸡蛋和蛇肉制成“煮蛇圆子”；用糊辣椒面、野花椒、香蓼、蒜泥、姜汁、茱莱叶、腌芭蕉心和蜂蛹做成“蜂肾酱”；用生姜、酸笋、花椒、薄荷调食“吮螺蛳”。

“哈尼长街宴”和竹筒鸡

“长街宴”是哈尼族十月年中最热闹的节日。

在这一天，每家每户都要做一些自家的拿手好菜，抬到街头摆起来，菜做得越香，自己就越体面。宴席摆好，全村的男女老幼就自动聚拢过来，老年人谈古论今，婆姨们拉拉家常，年轻人自然就聚在一块笑闹开了。

在这百米长宴上，没有什么“老死不相往来”，更没有“各人自扫门前雪”，有的只是祥和、欢乐、水乳交融的气氛。心倦了，来“长街宴”上吃一口菜，你的热情会再次被哈尼人点燃的。

竹筒鸡是一道哈尼风味名菜，只有在来了高贵的客人时，热情好客的哈尼人才会用竹筒鸡招待客人，他的选料和竹筒烧肉差不多。

将鸡块、鸡肠、鸡肝、鸡肫、火腿片、冬菇片、玉兰片，以及葱段、姜丝等装入盆内，加上白糖及油、盐、味精等拌匀入味。再取一节长30厘米、粗10厘米的鲜竹筒，放入鸡块及配食，注入适量清水，并用芭蕉叶塞紧竹筒口，斜置于明火上烧烤，边烤边翻转，约1小时后溢出香味即成。

这道佳肴将竹筒的清香与鸡的鲜味融为一体，肉酥汁鲜，别有风味。

◆哈萨克族民间饮食——草原文化的一个缩影

数世纪以来，马、牛、羊、驼这些家畜与哈萨克人代代相伴，换句话说，哈萨克族人的吃穿住行，样样都少不了它们。哈萨克族人很“精于此道”，十分善于用家畜的肉或奶做出具有民族风味的食品来。

“宁可一日无食，不可一日无茶”

哈萨克族民间有“宁可一日无食，不可一日无茶”“无茶则病”等说法。大量喝茶，冬驱寒，夏可解暑。这是因为哈萨克族人食谱中肉食含量太大，必须得有茶碱来帮助消化，增加维生素。

任何一个哈萨克族人都能把喝茶的道理给你讲解得头头是道，哈萨克族人把茶喝出了品位。比如浓奶茶、熟奶皮茶、酥油茶、羊骨头茶、老婆婆茶，还有喜茶、丧茶等。这些茶喝起来味道各不相同，但都十分清香，味道十足。

现代的哈萨克族多饮砖茶、

草原文化

骆驼肉、马肉，毕竟骆驼、马这样的大畜对哈萨克族人的生活而言更为重要，因此像绵羊这样的小畜更容易成为他们的日常食品。

哈萨克族炒肉没有十分特别的地方，但煮肉技术门道很多。也不知为什么，同样是肉，同样是清炖，但从哈萨克族人的灶台上炖出来的肉，总是有独特的香味，可谓汤浓味美。出锅时，再加盐拌洋葱汤，口感清爽，好得不得了。

除了每年七八月份享用草原鲜美的羊羔肉之外，熏肉可以说是哈萨克族人的最爱了，寒冬里吃熏肉是一大享受。每年快到年末时，冬宰便开始了，那些膘肥体壮的羊、牛、马就会成为人们的首选。

茯茶或红茶。先把茶叶放进壶中煮一会儿，然后再放进适量的鲜牛奶和食盐煮沸即可，或者把烧好的茶倒入碗中，再加入熟牛奶。

如果在茶中加入少量的酥油或熟奶皮，茶更是香味扑鼻。到哈萨克族人家做客，必敬奶茶，喝足了，用手捂住碗口，主人即会意，不再添茶。

熏肉是哈萨克族人的最爱

哈萨克族是以游牧为主的民族，肉食中肯定少不了绵羊肉、山羊肉、牛肉、马肉、骆驼肉。他们并不是每天都吃大块儿的

熏肉

冬宰后把肉贮备起来过冬，为了便于贮存，就有了熏肉。熏肉的做法是将肉切成块，撒上盐，搭在木架上用松柴烟熏，这样做出来的肉有一种奇特的香味。

在草原上，不可能每天都吃新鲜肉，特别是搬迁的时候。搬迁之前，牧民们要做许多准备，他们将宰杀的羊、牛肉切成块，撒上盐，搭在阴凉处木架上风干，装在一种存放肉的木箱里，这样肉就能保存很长时间而不坏，可以煮、炒，味道也非常好吃。

新疆一绝——马肠

哈萨克族人做的马肠是新疆一绝。一提到马肠，人们就会想到哈萨克族人。他们将宰杀好的马按肋条走向，将马肚皮和肋条上厚厚的脂肪刮出来，或将肉切成条，调好味，再灌进马肠里，一根马肋可以做一卷肠。

灌好后用畜筋扎好，风干，就是很好的马肠了。除了马肋条，牛、羊的瘦肉撒上盐灌进肠衣两头扎紧，风干，也是很好的香肠。马肠和香肠脂肪丰富，熟后味道又香又浓。

有趣的哈萨克族人招待之道

哈萨克族人招待客人，不同年龄，不同辈分的客人要给不同部位的肉，以表示尊敬和礼貌。煮熟的肉用盘子端来放在餐桌上，首先由客人将羊腮帮肉割下一块给长辈，再割下一块自己尝，然后割下右边的耳朵，送给屋里的某个孩子，再把羊头嘴朝门双手捧着送还给主人，向主人表示谢意。

请客人吃肉献上羊头时,必须把羊头的嘴面朝上座的客人,如果羊头的嘴对着门,表示不诚信,有驱逐客人之嫌。

◆黎族民间饮食——弥漫海岛风情的美食文化

黎族主要聚居在中国南部海南省五指山区，地处亚热带，风光秀丽,景色迷人。

“一家香饭熟,百家闻香”

黎族习惯一日三餐，主食大米,有时也吃一些杂粮。习惯将收割的稻穗储于仓中，吃时拿一把在木臼中脱粒。做米饭的方法一

黎族主要聚居在海南

是用陶锅或铁锅煮，与汉族焖饭的方法大体相同。另一种是颇有特色的野炊方法，即取下一节竹筒,装进适量的米和水,放在火堆里烤熟,用餐时剖开竹筒取出饭,这便是有名的“竹筒饭”。

若把猎获的野味、瘦肉混以香糯米和少量盐，放进竹筒烧成香糯饭,更是异香扑鼻,是招待宾客的珍美食品。香糯米是黎族地区的特产,用香糯米焖饭有“一家香饭熟,百家闻香”的赞誉。

黎族家家户户都种红薯,红薯饭的制作颇具特色:把生红薯洗净切成小块,先下米待煮半熟时放入红薯,以三成米、二成红薯混合煮成稀饭或干饭。另一种是把红薯切成小片晒干,掺米煮成稀饭。夏天吃红薯稀饭清甜可口,凉爽解热,有保健的作用。

爱吃鼠肉的黎家人

黎族男女善捕捞,男子平时爱好上山安装各种捕猎器具,捕

捉鼠类、鸟类、蛇类和野猪，以及五指山草龟、金钱龟等野物；还善于下河捕捞水鳖、团鱼和麻鱼等。

在农闲、节日时，全村集众上山放狗围捕山猪、黄猄、野鹿等，并把兽肉熏干保存日后食用。黎族日常下田劳动，男子带刀篓，女子带小腰篓，捕捉田蛙、田蟹、稻虾等动物，回家杂烩煮后食用。菜味新鲜，营养丰富。

黎族菜肴习惯把肉菜一起煮，或者把几种菜混合煮。食盐是菜肴的主要调料，小辣椒是平时餐桌上的佐料。

黎家人喜爱吃鼠肉，无论是山鼠、田鼠、家鼠、松鼠均可捕食。家家都有竹制捕鼠器，一次安装几十副，第二天便可捕到几十只鼠。黎族人习惯将捕来的鼠烧去毛，除去内脏洗净，内放些盐、生姜等佐料，在火上烤熟或煮熟吃。

槟榔是订婚的主要礼品

黎族同胞平时都喜欢嚼槟榔，吃法是将槟榔削成瓣，用栳叶包住，配上石灰膏和烟丝，放入口中细嚼，可使人像喝了酒、面色发红，精神焕发。常吃槟榔还有防病治病和美容的功效，故黎族同胞视槟榔为健体长寿食品。同时槟榔是订婚的主要礼品，也是待客的佳品。

常饮黎家酒能驻颜长寿

酒是黎族人日常生活中不可缺少的饮料。节日、婚娶、丧葬；入

槟榔

新屋、生育、社交和举行宗教仪式等活动,都要摆席设宴饮酒。平时迎宾会客也以饮酒为情礼。

黎族热情好客,酒为俗礼,敬酒对歌常通宵达旦,形成自己的酒文化。尤其以黎家的米酒最有特色。据说黎家酒已有三千多年的历史。

初春时,黎家爱采摘扁叶刺、山桔叶、南椰树心等树叶捣烂,与米粉混合粘成球型制成“球饼”。用水泡散,按酒料的多少比例将酒饼水倒进吊箩内拌匀。

第三天后便可发酵,并散发出芳香的酒味。第四天就有酒汁滴下,称为“酒滴”。第七天后,酒便酿成。

此时,将其挪入坛中密封,埋于芭蕉树下,一年后酒成黄褐色,数载则成红色或黑色,酒香醇厚,酒味甘甜。黎家对酿酒十分重视,往往酿酒之家都会在门口挂上树叶,以示生人禁止入内。

黎家米酒用料考究,采用黎家独有的旱生山兰糯稻谷,白谷、黑谷和香谷等都有独特的米脂芳香,且种植时不施任何化肥,是“绿色食品”。

酒曲独特、天然酿造。山桔叶和南椰树心也有独特的树脂芳香,而南椰树花心的汁液有天然的酿酒功能,所酿之酒就称为“树头酒”。包裹用的芭蕉叶或甜酒叶也是山中天然之物。

◆傣族民间饮食——悠远韵味的饮食文化之根

在西双版纳地区的烹食方式上,还保留着更古朴的介乎火烹与石烹之间的方法,将火塘内一枚枚清洗干净的鹅卵石次第投入盛有清水和鲜鱼的容器内,使水保持沸腾,然后将烧红的盐

放入容器中，鲜鱼汤便告做成。吃这道菜，使人有一种跨越时间隧道回到远古时代用餐的幻觉。

傣家菜烹制特点——腌、烤、炸、生吃

在傣家，最常见的是腌酸菜、腌竹笋、腌鱼、腌猪脚等。最有特色的是腌牛脚筋，用滚开水烫泡、用火燎烧、冷水浸泡等方法，刮干净牛角上的毛，然后切之为条状煮，以淘米水浸泡数小时后，清洗、晾干，与姜、蒜、辣子、花椒、盐等调料拌匀入瓮，密封瓮口，半个多月即熟。其色乳黄，入口极有韧性，其味甜中带酸，辣咸适口，是下酒的佳品。

香茅草烤鸡是一道风味菜。用西双版纳、德宏等地特产的大枫茅，捆于褪洗干净、肚内填以各种调味料的嫩鸡上，抹上动物油以中火均匀烤之，温度使调料味由内向外散出、香茅味由外向内渗入，肉质酥脆沙嫩，香气氤氲充盈，是真正的地方风味。

烤鱼、烤肉、烤鳝……在西双版纳和德宏等地，真是无烤不成宴。

炸牛皮

最常见的傣家炸食要数炸牛皮，将剖洗得干干净净的水牛皮煮得熟透，多切为条状晒干，可以较长时间存储。食用时，先以冷油炸之，捞出锅后再以热油炸之，即成又泡又黄、酥香梆脆的下酒菜，蘸以番茄喃咪，可谓五味俱备。

最使人开眼界的是油炸知了背肉馅。将知了去翅去脚，用刀将其背部划开，嵌进肉末与调料，再将知了的背合拢，捆以细篾绳，放入油锅中煎炸成深黄，色润油亮，肉松皮脆，酌一盏米酒，慢啜细品，既有味道又有营养，爽口怡神。

西双版纳、德宏等地的水略带碱性，故该地吃油炸的食品，体内不会生燥热之火。

在傣族地区称为“帕宋”的酸脯菜是可以不加烹煮就吃。难以计数的大量野菜，如叶子上有细细绒毛的茶叶菜，可以入药的荆芥、水香菜、香辣萝……常常都是拌以喃咪或其他佐料生吃。

最好吃的生吃食品之一是青蛙肉剁生，用剁细的蛙肉与切细的葱、姜、芫要、花椒、辣椒面、盐等拌匀，再放入少量柠檬水搅匀，将生猪皮刮洗干净，置于火上烤，待肉皮变成乳白色，略带透明，即取出切成薄片与青蛙肉拌和，鲜甜清脆，酸辣开胃。

其他如猪肉剁生、牛肉剁生、鱼肉剁生、马鹿肉剁生……凡肉食均可做剁生，要旨在于讲究肉的新鲜。傣族将肉剁而食之，细致且考究，这大约与傣族的温婉平和有关。生吃之俗，还依稀保留着人类童稚时代饮食方法的某种淡淡的胎记，只不过更加精致化而已。

香茅草烤鱼

傣族以大米为主食，喜爱糯米，最具特色是竹筒饭。制作方法是将新鲜的糯米装进竹筒后加水后，用一个玉米胡塞上，放在火上烧烤，吃起来清香可口。傣族还有很多特色烧烤。傣族的凉拌也十分美味，比如干巴丝，包烧鱼等等，那可是美味至极啊。

傣族风味小吃也很多。如有

香茅草烤鱼

一种糍粑是用糯米饭舂成团，包苏子糖馅做成的圆饼，用抹上腊油的芭蕉叶包好，食时可用火烘软或炸后蘸蜂蜜吃。

粑丝是用水把米粉搅成颗粒，蒸熟后舂成团，擀成薄而大的圆饼，冷后叠成叠，食时烫软入碗，撒各种调料。

泼水糍粑是用糯米粉和成团，包红糖蒸熟，再裹上一层炒香的碗豆面，用芭蕉叶包好可作待客点心。还有把糯米饭泥炸后做成的麻脆等。

香茅草烤鱼，是一道傣族风味菜。一般先将洗净的鱼裹上味道芬芳的香茅草，然后置于火上烧烤，并抹上适量的猪油，烤时香气四溢，这样烤出来的鱼香味扑鼻，鱼肉酥脆、味道鲜美独特。

形式多样的傣族主食

糯米粑粑，其色泽白润如玉，香软可口，深受傣族群众欢迎。先把糯米淘净浸泡一天，把芭蕉叶洗净折叠，放入锅中蒸煮20分钟，捞出后把水擦干，再蒸一碗用黄蜡与菜籽油混合而成的黄蜡油备用。

把泡好的糯米装入甑子里，用大火蒸上一个钟头，直到糯米松软，再放进石碓窝里舂捣，直至糯米成面团状，用手轻轻糅合放入芭蕉叶中，糯米粑粑就制成了。

泼水粑粑鲜美可口，其味无穷。用泼水粑粑招待朋友嘉宾，是好客的傣家人的风俗。它选用当地的上等糯米为原料，水磨成浆粉，加入适量红糖，将之糅合成粉团状，然后采来新鲜芭蕉叶，在上面抹上猪油，把粉团包好压成长条形放入笼中蒸好即成。

黄糯米饭，其色黄，喷香，味醇厚平和且有微甘，很好吃。在气温不太高的情况下可存放数日，色香味不变。是选择优质的糯米，浸泡后用甑蒸，然后用一种香味浓的黄花汁和糯米拌和，使其变成黄色，蒸时可以用筷子搅拌，蒸熟后香味四溢。

豌豆面汤圆，每逢佳节，傣族群众都喜欢食用这一风味食品，并用来招待客人。

普洱茶是云南普洱特产

傣族喜爱饮茶，在住房内设有煮饭、烹茶、取暖用的火塘，架有铁打的三脚架。昔日的景谷傣族土司家还有专为土司烧茶的“茶房”。

傣族的婚俗和日常生活，总是有茶相随。

江城土卡河的傣族男女双方相互有感情后，要告诉父母，由父母代托媒人去说亲，一般要去三次，每次去说亲都要捎带一些烟、酒、茶等礼物。

西双版纳傣族订婚的聘礼，一般男方以蜡条两对，礼银 40 至 100 元，大小不等的银碗两个，“蕃欢”筵席若干桌、槟榔一串、茶两瓶、盐一瓶、糖四瓶。

举行结婚仪式时，由媒人及亲友偕同新郎捎带宰杀的全猪一头、酒二十斤、蜡条两对、槟榔一串、茶、盐、糖各若干，以及和赠给新娘的衣裙、包头等，前往女家迎新。

◆畲族民间饮食——竹笋一年四季不断

畲族人日常主食以米为主，除米饭外，还有以稻米制作成的各种糕点，畲家常食的米饭有籼、粳、糯三种。

平时畲族饮食和当地汉族相同，主食大米和甘薯米，杂粮有麦、高粱、小米、玉米、鸭爪稗以及南瓜、马铃薯、芋头等。副食有竹笋、蔬菜、野菇、野菜、鱼、肉、蛋等。

香软可口的畲家乌米饭

乌米饭为农历三月三食用。乌米饭的制法，是用山上的一种野生植物乌稔树的叶子，放到石臼舂碎后，贮到布袋里，连袋放到铁镬里，加适量的水熬汤，让它释出紫黑色的汤汁来，而后去掉袋里叶渣，将精选的糯米泡进汤汁里，几小时后，捞起放到木甑里蒸熟即成。

乌米饭色泽乌黑发蓝，香软可口。由于乌稔能起开脾、防腐作用。故将乌米饭放在通风阴凉处，数日不腐。食用乌米饭有准备春耕，迎接丰收的象征意义。

菅时粽俗称“菅粽”，通常在端阳节和龙节时食用。将精选优质糯米倒入黄碱水里浸泡若干小时，拿两片菅叶对折成一条槽底，而后舀碱水泡过的糯米放叶槽中，成为一条20厘米长玉米棒子状的菅叶粽，放到锅里煮十余小时遂成。每逢端午节，菅粽供敬祭祖宗外，还用以馈赠亲友。

“糍”来运转，生活“粘粘”甜

畲族过年、做“七月半”和冬节都要制糍，取意时（糍）来运转，生活年年（粘粘）甜。畲族的日常主食以米为主，除米饭外，还有以稻米制作成的各种糕点，常统称为“粿”。

从黏性上分，糯米最黏，粳米次之，籼米基本无什么黏性，但籼米出饭最多，畲家食用的米饭以籼米最为普遍。

籼米也常被用来制作粉干，即将籼米磨成粉，加馊饭揉成团蒸熟，再用粉干机压挤成丝状，再蒸透即可食用。也可晒干长期保存，粉干味素可口，适于怕油腻者食用。

籼米加部分鱼米磨成粉可蒸成各种糕。将米粉调成糊状，蒸成水糕。如加入红糖蒸熟称勺糖糕或红糕；加入碱水蒸熟称黄糕；只加盐称白糕，统称水糕，蒸好后可以存放，糖糕表面加上芝麻、花生等，晾硬存放，吃时再蒸软。黄糕可用灰碱水浸泡保存，食用时杂以其他菜肴加汤煮食。

用糯米做糍粑是先把糯米蒸熟，然后置入臼内舂成团，搓成月饼大小的饼子。蘸红糖和芝麻粉趁热吃，香甜细软。民间有"冷粽热麻糍"之说，意为糍粑只有热吃才有味道。

竹笋

除米饭外，番薯仍是畲族农家主食之一。番薯除直接煮熟外，大都是先切成丝，洗去淀粉，晒干踏实于仓或桶内，供全年食用；也有先把番薯煮熟，切成条晒成八成干长期存放。煮熟晒干的番薯大都作为干粮，直接食用。

竹笋在畲家四季不断

畲家大都喜食热菜，一般家家都备有火锅，以便边煮边吃。除常见蔬菜外，豆腐也经常食用，农家招待客人最常见的佳肴是"豆腐娘"，即先把黄豆洗净用水浸涨，再用石磨磨成浆，再用温火烧熟，配以辅料，其味道非常鲜美。

还有用辣椒、萝卜、芋头、鲜笋和姜做成的卤咸菜，其中以卤姜最具特色。用以做菜的竹笋有雷竹、金竹、乌桂

烘青茶

竹、石竹、牡丹竹、蛙竹等十余种之多。

竹笋差不多是畲家四季不断的蔬菜。有这样的说法：一年十二月中只有八月无笋，用茭白替代。竹笋除鲜吃外，还可制作干笋长期保存。

制作干笋时先将鲜笋煮熟，撕成两半，晒干或熏干即可。在景宁一带的畲家制作干笋时，先将鲜笋切成片，加盐猛火炒熟，再用文火焙干，装入竹筒内，用竹壳封口倒置，民间称这种干笋为“扑笋”。

饮茶要饮烘青茶

畲族婚礼别具情趣，届期新郎由岳家亲迎，岳家款以饭。就餐时，餐桌上不陈一物，必俟新郎一一指名歌之，如：要筷子则唱《筷歌》，要酒则唱《酒歌》，司厨也要以歌相和，其物应声而出，席毕新郎还需把餐桌上的东西一件件唱回去。

畲族的酒多以白酒和自家酿制的糯米酒为主。景宁山区还有一种绿曲酒。白酒有明烧和暗烧两种。

饮茶是畲家日常必不可少的，大部分以自产的烘青茶为主。

有客人到门，都要先敬茶，一般要喝两道。有一种说法：“喝一碗茶是无情茶。”还有说法：“一碗苦，两碗补，三碗洗洗嘴。”

客人只要接过主人的茶，就必须喝第二碗。

如果客人口很渴，可以事先说明，直至喝满意为止。若是来者是女客，主人还要摆上瓜子、花生、炒豆、干菜等零食。

◆傈僳族民间饮食——饭菜合一的粥

傈僳族主要聚居在中国南部云南省。绝大部分人居住在怒江两岸山上，粮食只能种在很陡的山坡上。没有平坝，所以，很少有水田，只有在怒江两边稍平的地方才能开梯田，种植水稻。山地只适合栽种苞谷、荞麦以及少量的鸡脚稗。

傈僳族喜食阴玉米饭

傈僳族普遍日食三餐。仍然习惯于饭菜一锅煮的烹制方法，即在做饭时，先把米放入锅内熬煮，中间更换两次水，待米快熟时，放进青菜、白菜直至菜烂。平时很少单做菜，饭菜合一的粥煮熟后，全家围着火塘就餐。

用玉米煮粥时，先将干玉米用水浸泡后，再用木碓舂去皮，捣成瓣状颗粒，制作时大都加一些四季豆，用柴火烧 3~4 个小时即可食用。吃时，可根据个人口味配以用漆油、核桃仁、辣椒、水豆豉和盐炒成的佐料，加上腊肉或其他野味，其味更加鲜香。

居住在丽江的傈僳族喜食阴玉米饭。所谓阴玉米是指秋天刚熟的玉米包，去包叶后放入沸水中煮一下，然后阴干储存。食用时将玉米粒搓下，用木碓舂去表皮，加上四季豆、猪头或猪排微火煮食，作为佳馔。大部分傈僳族都喜食玉米爆成的玉米花。

“无酒不成礼”

同许多民族一样，傈僳族同胞也喜欢饮酒。他们的酒有水酒和烧酒两种，过去多自行酿制。水酒是一种发酵酒。先将玉米、高粱、荞麦面或稗子等原料捣碎、蒸熟，晾凉后拌上酒药，然后装入大罐中，令其自然发酵七八天。饮用时兑水、过滤即可。

这种酒酒汁微浊，呈乳白色，酒精含量不高，醇香微甜，有健脾开胃，提神解乏之功效。一直深受傈僳族人民的喜爱。

烧酒，傈僳语称"力基"，是把发酵后的糟水放入锅中蒸馏而得的蒸馏酒。此酒清澈透明，度数较高，较水酒辛辣爽口。傈僳人认为，"无酒不成礼"，酒是他们宴宾待客必不可少的饮料。

在傈僳族的饮宴习俗中，最有趣的莫过于饮"同心酒"了。"同心酒"，亦称"合杯酒""双边酒"等。是指二人同捧一筒或一碗酒，相互搂着对方的脖子和肩膀，一起张嘴，仰面同饮，使酒同时流进主客双方嘴里的饮酒习俗。

同心酒象征着团结和友谊。酒席宴中，如果傈僳族同胞邀请你同杯共饮的话，那就意味着他对你充满了信任，已经把你当成了朋友。

·迷你知识卡·

喃咪

将西红柿烤熟剥皮，大蒜烤香剥皮。将西红柿和大蒜以及香菜一同捣碎。把盐炒香，和味精一同放入菜泥当中。将柠檬汁挤入酱中再将四季豆煮熟，圆白菜焯水，所有蔬菜蘸蔬菜酱吃。

第四章

民间美食重特色

◆佤族民间饮食——古朴的捕食昆虫习俗

佤族主要聚居在中国南部云南省。佤族地区盛产稻谷，并普遍种旱稻。佤族人的主食以稻米为主，其次，也吃玉米、高粱、小红米、荞麦、江豆、绿豆。菜蔬有竹笋、辣椒、冬瓜、南瓜、洋丝瓜、红豆、架豆、大豆、茄子、芋头，有的人在自家的园圃地种有青菜、葱、蒜、韭菜和芫姜等。

昆虫与米一起煮成粥

佤族的主食有三种：即熬稀饭、煮烂饭、煮干饭。每日两三餐

竹蛹

不等。煮饭的大米是临时舂成的稻米，吃多少舂多少。佤族普遍喜欢食用烂饭，即半干半稀的饭。

煮法是把米、青菜以及盐巴、辣椒、肉有猪肉、牛肉放进锅里一起煮，煮成烂饭即可，味道极为鲜美诱人。有的地区主食以干饭为主副食主要是以青菜类、瓜类、酸竹笋、盐巴、辣椒、蒜或者鲜肉熬汤菜就饭，这是佤族平时最讲究的一种饭食。

按佤族习俗，主妇负责煮饭和分菜。饭熟之后，把饭盛在一个个大木盘里分给家人，每人盛给一碗汤菜，如有肉，则每人平均分得一份。全家人围蹲在主火塘边吃饭，如有外人在场，也分给一份饭菜。

佤族的肉食主要来源于家庭饲养，有猪、牛、鸡。此外也有捕食鼠和昆虫的习惯。一些地区的佤族还有捕食昆虫的习惯，更食用竹蛹、寄生于草木植物的红毛虫、扫把虫和寄生于冬瓜树的冬瓜虫等十余种。

一般时都把可食的昆虫与米一起煮成粥，加菜、盐、拌辣椒，香辣可口。

颇有情味的“饭包”

佤族重视节庆，皆有相关的食礼。如播种节、接新水节、取新火、拉木鼓，都蕴藏着神圣的理念，备有丰美的食品。

如播种撒谷定在布谷鸟催耕之时。村村寨寨、家家户户提前备好各式饭菜，集中到山坡地上，统一交给一位长者去分配。

竹筒水酒

然后青年播种,儿童送水,姑娘唱歌弹琴。

待到开饭时,只见地头整齐摆放着大小一样的两行饭包,都用芭蕉叶裹好,没有碗,没有筷,众人洗手后各取一包坐着吃,颇有情味。它把劳动、音乐、情爱、烹调和谐地统一在一起,表现出他们纯朴的道德风尚。

“解冤洗手酒”和苦茶

水酒是热情好客的佤族人民待客的最好饮料。由于用菌母发酵制成,喝后清凉益神,和胃健脾。

水酒与啤酒有相似之处,度数低,比啤酒稍甜,男女老幼适宜饮用。每逢喜庆佳节,家家户户都酿制水酒,尤其农村经济体制改革后,社员生活水平不断提高,村村寨寨到处飘散着酒香。

佤族的酒礼多种多样。有的是主人先饮一口再奉献给客人,客人一定要喝,并且喝光,这表示双方的诚意:有的是主客同蹲地上,主人右手敬,客人右手接后倒一点在地上,意为敬祖,然后同时喝干,这表示亲如一家。

此外,还有“解冤洗手酒”用于调解纠纷。届时双方整队参加,由与双方都友好的第三寨头人主持。首先彼此敬酒,各自诉说被对方伤害的情况,并对自己的过失自责;继而互赠牛肋骨和穿孔的黄蜡,表示今后应当同心、通气,积怨从此化开。

爱吸烟草的佤族男女

佤族男女普遍有吸草烟的习惯。各家都有一块园圃,除了种些蔬菜外,自己种植草烟。吸烟方法有两种:一种是用烟斗吸,另一种是用水烟筒吸。

外出或者下田劳动时,男女总要在腰部挂上一个烟斗,还随身携带一个用竹片编成的烟盒。水烟筒是用口径6厘米,长2尺

的竹筒制成，所谓水烟筒，就是往竹筒里灌入适量的净水，并能吸出烟雾，排除焦油含量。如果你到佤家串门或做客，主人会热情地用双手递过烟筒给你，要你品味他家自种的草烟。

◆高山族民间饮食——十个族群吃法不同

高山族，十个族群中各自都有自己独特的食品。

阿美人用朝天椒就饭

高山族日食两至三餐，食源以大米、小米、芋头、红薯、香蕉、杂豆为主，以猎获的禽、兽、鱼鲜和采集的野蔬为辅。主食多制成饭、粥、糕、饼或糍粑，不用陈粮，多用树叶包裹小米、花生仁、兽肉蒸食。

其中，阿美人习用朝天椒就饭，布农人多将小米煮成烂糊，雅美人爱吃芋头和红薯，平埔人常用特产的“香米”炊饭。配菜一般是猪肉、兽肉、南瓜及土豆，爱吃芥菜。

排湾人用槟榔壳盛水装肉，投入烧烫的石子煮熟的石烹肉；阿美人将鸡、猪、兽肉混煮的“杂合肉”；泰雅人的“辣椒姜水”；阿美人的“盐揉芥菜”；布农人的“希诺叶包花饭”等，都是创造。

在主食的制作方法上，大部分高山族都喜把稻米煮成饭，或将糯米、玉米面蒸成糕与糍粑。布农人在制作主食时，将锅内小米饭打烂成糊食用，排湾人喜用香蕉叶子卷黏小米，掺花生和兽肉，蒸熟作为节日佳肴，外出狩猎时也可带去。

泰雅人上山打猎时，喜用香蕉做馅裹上糯米，再用香蕉叶子包好，蒸熟后带去。排湾人喜欢将地瓜、木豆、芋头茎等掺合在一块，煮熟后当饭吃。

高山族食用多种蔬菜

肉类的来源主要靠饲养的猪、牛、鸡，在很多地区捕鱼和狩猎也是日常肉食的一种补充，特别是居住在山林里的高山族，捕获的猎物几乎是日常肉类的主要来源。山林里的野生动物很多，如野猪、鹿及猴子等的肉都可入菜。

排湾人不吃狗、蛇、猫肉等，吃鱼的方法也很独特，一般都是在捞到鱼后，就地取一块石板烧热，把鱼放在石板上烤成八成熟，撒上盐即可食用。

排湾人小孩不许吃鳗鱼，甚至其他鱼的鱼头也不让吃，认为吃了鱼头不吉利。阿美人在做肉菜时，喜把肉切成块，插上竹签，煮好后放在一个大盆里，全家人围在盆边，每个人用藤编小篮盛

高山族蔬菜来源比较广泛，大部分靠种植，少量依靠采集。常见的有南瓜、韭菜、萝卜、白菜、土豆、豆类、辣椒、姜和各种山笋野菜。雅美人食用芥菜时先将正在生长中的叶掰下来，用盐揉好，放两三天后才吃，留在地里的芥菜根继续生长。

野猪、鹿及猴子等都可入菜

高山族普遍爱食用姜，有的直接用姜蘸盐当菜；有的用盐加辣椒腌制。

饭，共用一勺舀菜，一手抓饭，一手取肉吃。

在插秧季节，他们喜到水田里捉小青蛙，带回家中用清水洗净，煮熟即吃。阿美、泰雅等族人有的也吃捕来的生鱼。

排湾野猪肉

他们还喜欢将打来的猎杀好去皮，加盐和煮得半熟的小米一起腌存，供几个月食用。保存食品常用腌、晒干和烤干等几种方法，以腌制一两年的猪、鱼肉为上肴。

泰雅人喜用生姜或辣椒泡的凉水作为饮料。据说此种饮料有治腹痛的功能。过去在上山狩猎时，还有饮兽血之习。不论男女，都嗜酒，一般都是饮用自家酿制的米酒，如粟酒、米酒和薯酒。

“围炉团年宴”

有过年时全寨平分猪肉的古老习俗，即各户轮流杀猪，都将肉平分给全寨的人。各户领肉后自己记账，将来杀猪时回赠；若是孤寡穷困之家，可以不还。

到了除夕，家家备置火炉，上架铁锅，四周撒放铜钱多枚，全家人围坐聚饮，这便是该族的“围炉团年宴”为求吉庆祥和，每道菜都有口彩。如鱼丸、鸡丸、肉丸、豆腐丸，象征“团圆”；长茎蔬菜不切，连根带叶煮，象征“长寿”；萝卜叫“彩头”，意味好运将至；吃鸡叫“发家”，意味家业兴盛；吃蚶表示“发财发福”；油炸食品表示“人丁兴旺”。

凡参加围炉者，每样菜都得下筷，并且喝酒。如果有人未归，则空出一个席位，放上他的衣物，摆上碗筷并倒酒，以示思念。散席后铜币分给小孩，做压岁钱。这种“分养共食”的饮食，表现出高山人团结亲善的民族性格。

布农人的狩猎会宴——射耳祭

高山族节日宴客最富有代表性的食品是用各种糯米制作的糕和糍粑。不仅可作节日期间的点心，还可作为祭祀的供品，也将糯米做成饭招待客人。

婚礼及宴请的场面十分丰盛和壮观，尤其要准备大量的酒，届时参加者都要豪饮，并有不醉不散的习俗。“丰收祭”这天，族人自带一缸酒到场，围着篝火，边跳舞、边吃边饮酒，庆贺一年的劳动收获。

播种时酬神祈丰，举行捕鼠、捕虫仪式，在主祭者家中欢宴；“五年节”庆典，猎手表演“砍竹舞”，高唱“五年祭歌”，端着肉筐，提着酒壶，殷勤待客。

布农人的狩猎会宴——射耳祭，则集中数十种晒干哄熟的猎物，在糖粟糕上贴上六只兽耳：鹿、獐耳各二只，山猪、山羊耳各一只，由男孩和青壮年猎手对着兽耳射箭，射毕欢宴。

布农人还喜欢在宴客时先把鸡腿留下来，待客人离去时带在路上吃，意为吃了鸡大腿，走路更有气力。

◆拉祜族民间饮食——原生态的“猎虎的民族”

拉祜族主要分布在中国南方的云南省南部。拉祜一词是这个民族语言中的一个词汇，“拉”为虎，“祜”为将肉烤香的意思。

因此，在历史上拉祜族被称作“猎虎的民族”。

竹筒煮饭是习俗

拉祜族以稻米为主食,次为玉米、薯类、豆类、荞子等。一日三餐,粮荒季节减为两餐。每天早上起来舂米,现舂现煮。煮饭用土锅或木甑。蔬菜有萝卜、青菜、瓜类、豆类、喜吃辣椒。

喜用鸡肉或其他配料加大米或包谷做成稀饭，有瓜菜、菌子、血、肉等各种稀饭,其中鸡肉稀饭为上品。无论大人小孩,都习惯喝山泉水。

拉祜族日常喜欢将菜、肉及佐料和水放入一段鲜薄竹筒内煮熟,既有竹之清香,又保持原有肉菜的香味。

居住在哀牢山原始森林中的拉祜族苦聪人,大多没有锅和甑子，一般都用薄竹筒煮饭煮菜。把舂好的玉米面或大米放入薄竹筒内,加水后,用树叶把筒口塞紧,再把一段段竹筒放在火上烧,熟后,破开竹筒即可食用。菜肉也用竹筒烧煮，但不再加水。

热气腾腾的“护心血”

拉祜族烤肉别具风味,大都猎获的野兽肉，或直接用火烤，或用芭蕉叶将肉包住埋入火中，烧熟而食。烤肉香脆可口,佐以麻辣佐料后还能开胃。

猎获物的下水和杂碎,就地燃火,放入竹筒内煮熟分食。在开膛剖肚时,中年人喜欢用手捧喝热气腾腾的“护心血”,据说猎物的护心血有补血消除劳损的妙用。

“拉祜人的辣子,汉人的油”

拉祜族人喜欢用辣椒待客。有句俗语:“拉祜人的辣子,汉人的油”,意思为待客没有辣椒,就像汉人做菜不放油一样。

吃饭时,家长先盛饭,接着是客人,其他家人按年龄大小拿取，妇女盛饭时，背着或抱着孩子不能拿取，对尊贵的客人，主人要杀鸡、煮鸡肉稀饭招待。但是，如果主人家用白鸡肉煮稀饭招待客人，那就是绝交的表示。

拉祜族竹筒煮饭

拉祜族爱喝烤茶

拉祜族不仅会腌菜、腌肉、磨豆腐，还会酿酒。在民间，男女均嗜饮酒，并有在酒和肉上不分彼此的习惯。平时喜饮烤茶，烤茶是将大茶入罐烤至焦黄，待香味飘出后对入水稍煮即饮。

◆水族民间饮食——爱吃鱼的民族

水族自称“海水”，意为水人。早在秦汉以前，岭南地区以及东南沿海一带就居住着许多部落，据考水族是从其中一个叫做“骆越”的部落发展起来的。现主要聚居在贵州省三都水族自治县。

吃火锅是习惯

水族地区盛产水稻，日常主食以大米为主，辅以小麦和杂粮。一日三餐都以酸菜汤、辣椒水加萝卜，南瓜和葱蒜为菜肴，有时也要磨些豆腐。

水族喜欢糯米饭、糯米糍粑、汤粑、粽子和用糯米做成的各种油炸食品，并作为馈赠亲友的礼品。

水族也有吃火锅的习惯，将

火锅置于铁火架或泥炉上，先把肉类、豆腐、葱、姜、蒜、盐等佐料放入锅内煮沸，食用时随吃随加入新鲜蔬菜，另外备有辣椒和佐料碟供就餐者选用。

端节前吃素

端节是水族民间一年之中最隆重的传统节日，相当于汉族的春节，水族有本民族的历法，以农历九月为岁首，每年农历八月下旬至十月上旬，每逢“亥日”，各村寨轮流去做客吃酒，以庆贺丰收。

按传统习惯，过端节之前一个晚上，只能吃素。民间传说：远祖在为自己四个儿子祝贺丰收时，由于过分的兴奋，不小心在上楼取肉时失足跌死。

为悼念死去的老人，后辈们决心在老人安葬之前不吃荤，而老人去世时的日子，正是端节的前一天。所以水族有在端节前一天，或老人去世下葬之前不吃荤的习惯。

“鱼包韭菜”

水族人民爱吃鱼，除捕鱼外，历史上还有养鱼的习惯。常吃的有鲤鱼、鲥鱼、鲭鱼、鳜鱼等。

端节的当天，家家户户都要必备丰盛的酒菜，举办盛宴，不仅要有牛、猪等肉菜，还要有鱼虾、豆腐、瓜果、糯米饭，其中最

鱼包韭菜

珍贵的佳肴是“鱼包韭菜”，制作工序复杂、精细，味道鲜美可口。

韭菜在水族民间之所以占有十分重要的地位，据说是因为韭菜用九的谐音纪念古代一位老人，他用9种不同蔬菜和鱼配制了一种增强体质的佳肴。

驰名的糯米酒

在欢庆节日时酒是必不可少的。制酒的工作多由妇女来承担，水族自家酿酒有大米酒、糯米酒、杂粮酒和甜酒之分。其中以三都九阡地区的糯米酒最为驰名，这种酒色泽棕黄，香味馥郁，清甜甘爽。

水族无论在节庆或平常待客都很讲礼仪。来客人一般都杀鸡宰鸭，如果是贵宾到来，还要杀猪上鱼，因猪头和鸡头象征尊贵。在就餐时，鸡头要先敬给客人；猪头是为客人饯行的菜；若是女客，客人离开时要将事先留下的鸡鸭翅膀、腿和糯米糍粑、粽子让客人带走，民间称扎包礼。

◆东乡族民间饮食——“饭菜合一”是特色

东乡族聚居在中国西北部甘肃省境内，十四世纪后半叶由聚居在东乡的许多不同民族成分融合而成的。

东乡族每餐必有洋芋

餐餐不离洋芋

东乡族日食三餐，每餐不离洋芋。洋芋既可当菜，又可当饭。煮、烧、烤、炒均可，特别是冬春二季，在炕洞烫灰里烧焐的洋芋最佳，食用时剥去表皮又沙又甜。

每年入冬以后，东乡族的家庭主妇，每天早上第一件事，就是把洋芋焐在炕洞的烫灰里。焐熟之后，全家围着炕桌吃洋芋，以此为早点。

也可以将洋芋切作小块，洗净，入锅煮，快熟时加青稞面，并把洋芋块捣碎，放酸菜、油蒜泥，作为早点。

喜吃饭菜合一的食品

东乡族喜把青稞面，大麦面做成“锅塌”或“琼锅馍”作为主食，“锅塌”即把青稞面发酵后做成块状贴在锅上蒸或烙熟；“琼锅馍”是把揉好的面团装琼锅里，加盖盖紧，使面团在加热过程中不外溢，琼锅外的炕灰不入内，于当天下午将装入面团的琼锅埋入炕内热灰中，至第二天清晨便已焐熟。

有的人家还把青稞做成炒面，吃时加胡麻做成的稠汤当做早点。

在夏天，很多东乡族喜将快熟的青麦穗或青稞穗煮熟，搓干净，再用石磨磨成长“索索”，然后再拌上油辣子、蒜泥和各种炒菜合食。

青稞、豆子混杂种在一起叫“和田”，磨成的面粉称为“和田面”，用酸浆水与和田面和匀，做成面疙瘩，是最普通的晚餐。

散饭是用面粉搅成的糊糊，放点切成方块的洋芋和酸浆水；搅团比散饭要稠且不放洋芋，用

锅塌

筷子可切成团状再拌上油炝的葱花酸浆水汤、辣椒、蒜泥和韭菜、胡萝卜、咸菜，可口清爽；米面窝窝是把小米面用滚烫的开水搅拌成面团状，装在琼锅里，在炕洞里焐热，带甜味，有时窝窝里还放上甜枣，就更可口了，芽尝是用发芽小麦加水磨成浆，烫成糊状，夹在两层薄饼中间，贴在锅里烙熟，是一种甜食。

还有一种罗婆粥，是用牛、羊头、蹄煮汤，再加上各种粮食做成的。总之，东乡族的饮食上喜吃饭菜合一的食品，为制作各种食品的方便，东乡族家家都有小石磨。

“先来的发了比后来的肉香”

东乡族制作“栈羊”肉，独具特色，一般都是清水下全羊，锅上蒸“发子”，即把羊心、肝、肺切碎盛入碗内，调以姜米、花椒粉、味精及葱花，放在笼屉上蒸，半小时后即可食用。

屠宰栈羊吃发子是东乡族改善生活的一种形式，当地有句谚语说：“先来的发子比后来的肉香”。

东乡族还善于把栈羊肉制成清汤羊肉，制作时将熟羊肉切成核桃大小的肉块，浸入煮开的羊肉汤里，加少量的蒜苗、葱花、香菜、味精，美味可口，滋补营养，老少皆宜。

东乡族人喜欢喝紫阳茶和细毛尖茶，一般每餐离不开茶，多数用盖碗泡茶，也有用小茶壶的。盖碗亦称“三炮台”，即由茶盖、茶碗和底盘座组成。

每日三餐都在炕上，炕上放一炕桌，全家人都围着炕桌盘膝而坐。媳妇在厨房内吃饭。东乡族在进餐时，很讲究礼仪，每一餐饭必须在长辈动筷后，全家才能进餐。长辈不能按时归家就餐，全家必须等待。

餐前饮茶

无鸡不成席

东乡族讲究吃鸡，素有无鸡不成席之俗。无论在待客或喜庆日子，鸡肉必不可少。宰鸡程序十分讲究，请阿訇或念经人宰鸡，鸡毛只能用手拔，不可用开水烫，认为用开水烫鸡毛易拔，但鸡皮易破，其内脏会污损鸡肉。拔掉毛取出内脏后用草火烧燎，这样肉嫩酥脆，炖熟后味道醇香，兼有烤鸡味道。

食用时按辈龄分食鸡肉。待客时，一只鸡按部位剁成13块，客人须按自己的身份依序吃。一般长辈吃大块，晚辈吃小块。东乡族视鸡尖为待客的珍品，须将其礼敬最尊贵的客人，否则便是非礼。

◆纳西族民间饮食——饮食器皿古色古香

纳西族原是中国西北古羌人的一个支系，大约在公元三世纪迁徙到丽江地区定居下来。丽江位于青藏高原南端，地势高峻、山川雄伟、峰奇谷秀、物产丰富。纳西族主要聚居于中国西南云南省各县。

纳西族是一个善于接受先进文化的民族。如纳西族的烹调技艺，既深受汉、藏民族的影响，又保留了本民族的特色。

“琵琶猪”远近闻名

纳西族日食三餐，早吃馒头或水焖粑粑，丽江粑粑是纳西族的特色饮食，当地有“丽江粑粑合庆酒”的说法。

丽江粑粑油腻香脆，吃时佐以炒洋芋或白菜汤，有时也吃酥油茶、奶渣及糌粑。午餐和晚餐常有一两道炒菜或咸菜，爱吃牛肉汤锅和千巴。每家都会腌制酱菜、豆豌和卤腐，嗜好酸辣。肉食以猪为主，兼及牛羊、鸡鸭和野味，腌制的“琵琶猪”远近闻名，可存放十余年不变质。

请客常吃杂锅菜

纳西族居住的坝区和大研镇均具有相当高的烹调技术。请客一般都用“八大碗”“三碟水”待客。常吃杂锅菜。

还有“清蒸虫草鸭”“天麻贝母鸡”“猪血米灌肠”“雪莲花拼盘”等名菜。此外其器皿亦有特色，如钢制的锅、盆、瓢、勺、杯、壶以及镶银木碗，都有古色古香之美。

饭前先饮茶

泸沽湖和盐源一带的纳西人，晨起之后，当喇嘛的男子诵经，主妇做饭，老年男子打酥油茶。他们喜欢饭前先饮茶，一般每人一杯，老人可多饮几杯；饮茶的同时，吃些玉米炒面或青稞炒面，有的吃几个土豆。

稗子或玉米饭煮熟后，全家人围在火塘前就餐。主妇先给年长的老人盛饭，再接辈分每人一碗，把菜盖在饭上或每人一份，由主妇均匀分配。饭量大的成员，可以再添饭菜。但吃好的食品，基本上按人头平均分配，辈分、年龄最小的，可多得一些。

订婚典礼必有的“三叠水席”

纳西族的婚宴饮食中蕴藏

着他们的理念与情操，以及温顺、贤良的品性。

如订婚典礼上的喜酒——“三叠水席”，是将冷荤菜、小碗菜和大碗菜各四道，分作三个梯次入席，其中必定要有表示聪明伶俐的凉藕，表示长命百岁的粉丝，表示百年好合的百合，表示团圆吉利的肉丸，以此增加婚宴的欢乐。

◆景颇族民间饮食——“靠山吃山，靠水吃水”

景颇族聚居地系山地立体气候，生态环境复杂多样，雨量充沛，土壤肥沃，各种野生动植物非常丰富。景颇族不仅食陆畜，也食水产，举凡鸟兽鱼虫，花果草木，无不在觅食之列。正如他们所说的：“山里的东西，绿的是菜，动的是肉。”

盈江紫糯酒被誉为“液体蛋糕”

紫糯产于热带、亚热带半山区、山区，是景颇族同胞喜欢种植的一种糯稻谷，在稻类中含蛋白质高的一种。

紫糯酿制的盈江紫糯酒，因蛋白质含量高而被人称为“液体蛋糕”。由于紫糯的营养含量高而全，是一种具有较高药用价值的谷物，它具有滋阴补肾、健脾暖胃、健脑抗衰、益智延寿、明目活血、润肺止咳等功能。

因此，景颇族妇女习惯在“坐月子”的时候特意吃些紫糯米饭，以恢复体力和防止疾病。紫糯酿制的白酒，拉痢患者吃了可止痢；紫糯米干炒后泡酒饮用可治风湿；紫糯米干炒粉碎后用开水吞服，可止咳。

炒新谷饭是景颇人必备食品。

景颇人习惯于一日三餐。晌

午饭尤具特点，通常为野餐。景颇人外出劳作时，均用青叶包一个饭团，再包一个小包，内装盐、辣子、豆豉等佐料。待歇晌时，将劳动中或休息时找到的动植物野菜加入佐料烹调，而后佐餐享用，别有风味。

炒新谷饭是景颇人过尝新节时必备的食品。尝新节是秋收前谷物基本成熟后举行的一种祭祀活动，在每年农历八九月间举行。

有了种籽，人们才会种谷子，所以景颇族每年吃新谷米饭时，都要先给狗吃。这种饭清香可口，米味纯正，光吃其味更浓。其米因已炒干炒熟，故不会馊，不会生虫，存放时间较长。

紫糯米饭

麂血饭团，是熟米饭趁烫时与麂子的护心血、精瘦肉末及盐、辣子、姜、芫荽等佐料一起揉拌而成。其麂血肉末已被刚出锅的热饭烫熟，色美味香，口感较佳。

飞蚁煎饼的飞蚁，即飞蚂蚁剁细后加紫糯米粉与砂糖，油炸即成。其味酥脆不腻，异香无比。

舂、烤、煮、剁、炸、腌六种烹制法

景颇人的“舂筒菜”可谓餐桌上的“永恒主题”。几乎所有动植物菜类都可用此法烹调。其中熟舂法多适用于陆畜、兽类及鸟鱼，且均取烤干之瘦肉和可捣碎的骨骼。其佳品是舂烤绿斑鸠、烤鳝鱼和沙鳅等。

植物菜中的哩拉竹笋、大苦子果、小苦子

春筒菜

果、四季豆、蚕豆、豇豆等亦可熟舂。生舂则以植物菜为主，岩姜、生姜、马皮泡、奶浆菌、鱼腥菜、豇豆、蚕豆等为首选。

舂筒菜的主要佐料是豆豉、辣椒、姜、蒜、苤菜、小酸茄、野芫荽等。

畜禽鱼鸟兽均可直接用明火烤吃。若系牛、鹿、麂肉等，通常烤干后再捣为肉松上席。此外，还爱用蕉叶将肉加山胡椒树皮或叶、桔子皮或叶，花椒叶、打捧香、砂仁叶、草果叶、金芥、香柳、枫茅草、缅芫荽、大叶芫荽、姜、葱、苤菜等佐料包好，慢慢在火灰中焐热。其中的精品有焐“石塔子”，即一种专吃青苔的鲫鱼肚杂，其味苦凉鲜甜，若佐以烈性酒，愈发回味无穷。

·迷你知识卡·

麂子

鹿科的一属，仅雄麂具短角，角干向后伸展，角尖内弯，不分杈或仅分一小杈，角基部在脸上形成纵棱脊。背毛较其他鹿科动物短而细；四肢细长、蹄狭尖；有大的上犬齿弯曲呈獠牙状；头骨略呈三角形，泪窝显著。

第五章

民间美食原生态

◆怒族民间饮食——体现了较高的食疗价值

怒族是中国云南的古老民族之一，主要分布在中国西南部的云南省等地。主要从事农业、手工业和商业。

世居怒江的怒族人民，在独特的立体气候，复杂的峡谷地貌，多元的自然条件影响下，形成了独特的饮食文化。

日食两餐是习惯

怒族习惯于日食两餐。其主食绝大部分以玉米为主。玉米的食用方法从爆米花逐渐发展为煮焖成咕嘟饭，类似玉米面稠糊、包谷稀饭，做成包谷粑粑，石板粑粑最有特色。

常见的蔬菜有青菜、白菜、萝卜、瓜豆、辣椒等。每年五六月

还需到山林中采集野菜。常采的有竹笋、野百合、各种块根类及蕨类植物，以及做调味用的姜、葱、花椒等。含淀粉为主的植物当粮或制成粉做粑粑而食。

撒拉

“猎禽兽以佐食”

肉类来源靠饲养的牛、猪、鸡、狗、羊，常捕鱼和打猎。在落后的自然经济条件下，渔猎仍然补充一部分生活来源，尽管捕鱼不多，在怒江平缓地带，仍有人抽空捕鱼，或用竹钩钓鱼。

在现代生活中，野兽日渐减少，狩猎不占主要地位，但农闲时期，仍有人三五成群，上山打猎。以民族或村寨为单位的集体狩猎，则限于猎取熊、虎、野牛之类的大野兽。

按照传统习惯，猎获大野兽时，见者有份，兽肉在全民族或家族内平均分食，怒族“以射猎为生涯”的情况，近数十年已有显著改变，但“猎禽兽以佐食”、“好食虫鼠”的习惯仍无改变。

“撒拉”——用酒焖煮的鸡

“撒拉”是怒族人独具特色的美味佳肴。贡山怒族人最喜爱吃“撒拉”，也是用来招待贵客及亲朋好友的传统美味佳肴。

撒拉是选用鸡肉和酒作为原料，先把鸡洗净剁成小块，放入油锅内爆炒，加入烧酒，盖上锅盖，焖煮十来分钟便可食用。

这种用酒焖煮的鸡，其鸡香酒味扑鼻，味道十分鲜美。每逢过年过节或婚嫁喜庆时，才制作“撒拉”。

咕嘟酒最有特色

怒族同胞喜欢饮酒，也擅酿酒。怒族的酒主要有“咕嘟酒”“浊酒”和高粱酒等。“咕嘟酒”用“咕嘟饭”。做法是将咕嘟饭晾凉，拌上酒曲装入竹篾箩里捂好，几天后发出酒味，或渗出酒液即改装在罐子里，密封十几天就成了。

吃时先用笊篱过滤，再兑上一点开水或冷开水，加一点蜂蜜或甜味剂，稍加酝酿，即可饮用。这种酒香甜醇厚，是怒族酒中的上品，既可解渴，又有滋补健身之功效。

贡山怒族的咕嘟酒最有特色。饮用时，兑入蜂蜜，清醇香甜、开胃可口。不论男女，都能豪饮，而且饮酒必歌，每饮必醉。

◆羌族民间饮食——神秘民族的特色菜肴

羌族主要聚居在中国西南地区四川省西部，羌族的饮食具有自己的民族特色，是羌族物质文化生活的反映。

主食离不开“面蒸蒸”

羌族主食玉米、土豆，辅以小麦、青稞及荞麦。副食是蔬菜、豆类及肉食等。调味品有花椒、辣椒等。常见的吃法是玉米内加菜。把青稞与小麦做成炒面。

羌族民间大都一日两餐，即吃早饭后出去劳动，要带上馍馍（玉米面馍），中午就在地里吃，称为“打尖”。

下午回家吃晚餐。羌族主食大都离不开“面蒸蒸”。羌族常年食用白菜、萝卜叶子泡的酸菜，以及青菜做成的腌菜。

有特色的"猪膘"和"瓤肚"

因吃鲜菜的时间只有几个月，羌族人常年多食用白菜、萝卜叶子泡的酸菜，以及青菜做成的腌菜。肉食以牛、羊、猪、鸡肉为主，兼食鱼和狩猎兽肉。

散居在山区的羌族一般不常食新鲜猪肉，都是将猪宰杀后去毛，剖成两半或切成几大块，吊在房梁上熏烤制成"猪膘"，存放时间一般为一年，食用时与蔬菜同煮，熟后捞起猪膘，切成长方形大片盛入碗中即可食用。还可以将生腌猪膘切成小块同菜一起炒，作用是以猪膘代油，还要加些花椒和辣椒提味。

在宰杀年猪时，羌族喜将猪血等充填到猪大肠内，煮熟后称为血肠。

血肠也是宴客吃酒时的一种上肴。有的还将猪血与荞麦和在一起做成血馍馍食用。羌族还常把新鲜的猪肉放在新宰的猪肚子里加盐、花椒等扎紧、风干，作成"瓤肚"久存不坏。

"连渣带酒水，一醉二饱"

羌族人每逢节日、婚丧、祭祀、聚会、待客或换工劳动，除饭菜丰盛外，还必备美酒。结婚吃"做酒"，宴客吃"喝酒"，重阳节酿制的酒称为重阳酒，需储存一年以上方可饮用，重阳酒因储存时间较长，酒呈紫红色，酒醇味香，是重阳节期间必不可少的美酒。

猪膘

羌族一般饮用的酒称为咂酒，咂酒的制法是用青稞煮熟拌上酒曲，封入坛内，发酵7–8天后即可饮用。饮酒时向坛中注少量开水，用细竹管吸饮，全家人轮流吸，吸完再加水至味淡再将酒渣食尽。俗称“连渣带酒水，一醉二饱”。

逗趣的“回门酒”

羌族结婚操办喜事，新郎要陪新娘回娘家，娘家要备好“回门酒”，亲友要向新婚夫妇馈赠礼物，并致词祝福新娘新郎幸福美满、白头偕老。

羌族民间有的地方还有“逗新郎”的习俗。即在回门酒的宴席上娘家人要给新郎用四尺长的筷子，而且还要在筷子的后面加几个用马铃薯做的筷子坠，要新郎使用这种筷子，隔着几盏油灯去夹用肉丁和豆粒做成的菜，如果因为筷子长，夹不起菜，或油灯烧着下巴，就要被罚酒，这种活动既是节日聚餐，也是一种娱乐。

◆京族民间饮食——来自“京族三岛”的甜蜜味道

京族主要聚居在素有“京族三岛”之称的中国广西壮族自治区的㳇尾、巫头、山心三个小岛上。

京族主要从事海洋渔业，同时又受民族历史文化传统的影响，表现在饮食习俗上就是以大米为主食，红薯、芋头为杂食、喜食鱼、虾、蟹、鱼汁及糯米制品。妇女爱嚼槟榔。

京族人喜吃糖食

京族人家普遍喜吃糖食，特别喜欢用糯米糖粥来招待客人。无论在哪一家作客，主人总要把客人视为良朋贵宾光临而喜气洋溢。在茶余饭后之际，给客人捧出甜润润、香喷喷的糯米糖粥；要不就是绿豆糖水、糖汤粉丝或红薯糖汤等。

糖是甜蜜的，京家人以此隐喻着对幸福的向往和寄托。

京族有句古老的谚语：“家积万金，不如高朋满座”。由此可以窥见，京家人在传统习俗上对友谊的珍视和崇尚。而糯米糖粥的甜润胶蜜，正是寄寓着友谊常在，如胶如漆的美好愿望和虔诚的民族心态啊！

例如，在婚娶的习俗仪式中，男方向女方送订婚礼时，其中就少不了糖和糯米。在节日习俗中亦如此，如每年农历正月初一的早餐，家家户户都要吃糯米糖粥；八月十五中秋节吃团圆饭首先吃的也是糯米糖粥；哈节祭神首先就要有糖糯米饭。

京族

“千汁万汁，不如京家鲶汁”

靠山吃山，靠海吃海，京族人最爱吃的，最会吃的当然是鱼虾了。京族渔家平时以小鱼腌制的一种调味汁，叫鲶汁，是京族地区独特的产品之一。

鲶汁在市场上一般叫鱼露，是用小鱼腌制的一种调味汁，每年 3 至 6 月间，渔民家家腌制鲶汁：在一个洗净的大瓦缸内底垫上稻草和沙包当过滤层，过滤层下的缸底脚边凿一小孔，安装上塞子及漏管。将清洗好的小鱼及盐一层一层铺在缸里。

缸装满后，上压重石，加盖密封。一星期后，打开漏管，鲶汁不断流出，其色如浓澄汁，清香四溢，吊人胃口。待到漏管中已流不出鲶汁，头漏汁便告取尽。然后向缸内再添冷却了的盐开水，过数日接取二漏汁；最后压滤三漏汁。

就其质量来说，一次比一次差点。即便是三漏汁，也会使初尝者赞不绝口，回味生津。俗语说“千汁万汁，不如京家鲶汁”。做汤时加些鲶汁，汤味顿觉鲜美；吃肉时蘸以鲶汁，入口便觉清香。

终生难忘的“风吹”

“风吹”是大米制成的食品，当点心吃。用热水浸泡大米后磨成粉浆，舀入直径40厘米的铝制托盘，将盘漂浮放在开水锅里蒸熟成一张张薄粉膜，撒上芝麻，置于大眼篾屏上以炭火烘干即成。因其轻而薄，似乎可迎风而起，故称“风吹”。

其味香脆可口，旅行出海或居家待客，都很方便。若把蒸熟的粉膜切成细丝烘干，即成粉丝。把粉丝、螺贝肉、蟹肉、沙虫干、虾仁等海味混在一锅煮，就是米乙丝海味汤，只要一次品尝，便会终生难忘。

糖、糯米、茶叶、糕饼作为订婚礼

京族最隆重、最热闹的节日是“哈节”。每年哈节，由村里人轮流做“哈头”，并由“哈头”出一头肥猪，办一桌酒肉参加。在宴席上轮流唱歌，妇女只能听唱，不入席。

过春端午节全家吃糯米粽和雄黄酒；中秋节除做糯米饭、糯米糖粥和风吹（米乙）外，还要购买猪肉和月饼全家吃团圆饭。

京族男女青年订婚，男方要

用一定数量的猪肉、糕饼等作为礼品送给女方，贫穷之家也要送少量的糖、糯米、茶叶、糕饼作为订婚礼。

结婚时，男方要备一百斤猪肉、二百提酒、七斗米及其他礼品，送给女方。婚后三天，新娘“回潮”，夫妻俩将带自家染红的糯米饭两托盘、猪肉两块、鸡两只回娘家谢拜岳父母，婚礼才算结束。

◆仡佬族民间饮食——请喝一杯“吃油茶”

仡佬族人生活的地区，大多数在云贵高原向四川盆地过渡的斜坡地带，那里地形复杂，气候潮湿；仡佬族人的经济生活以农业为主，山地种植玉米，平地种植水稻，因此，这两种作物也是仡佬族人最主要的粮食。

玉米干饭是四季主食

农忙季节日食三餐，农闲多食两餐，正餐之外，尚有“过早”“歇闹”“宵夜”等习俗。肉食以猪肉为主，鸡、鸭、羊肉次之，多数人不吃牛马肉和死禽死畜肉。嗜吃酸味和辛辣食品，有“三天不吃酸，人要打捞窜”之说。糍粑常作为祖宗神灵供品，亦为待客和节日食品。

仡佬族人习惯把玉米粉放在蒸笼里蒸熟，叫做玉米干饭；这是仡佬族人一年四季餐桌上的主食，如果在节日里或是有远客临门，他们就在玉米面里加上相等的白米蒸熟，称为“混合饭”。

筵席常以酥扣，亦称烧白、昨扣为主肴，加配滑肉，亦称酥肉、粉条、黄花、木耳、豆类制成品等凑满“八大碗”或“十大碗”，俗称“大水席”。托情议事，往未酬醉，肴暖尤丰。大研、三桥一带

甜食

近年盛行“三么台”，即筵席分三台吃完，先酒次茶后饭，或先茶次酒后饭。油茶佐以糕、糖、干果、葵花子，酒佐冷盘热炒，饭加蒸碗汤菜。

仡佬族爱吃辣与酸

仡佬族大都喜欢把鲜菜做成酸菜和腌菜再吃，如用青菜、辣椒、大蒜、生姜混合腌制的酸辣菜，用香椿芽腌制的腌香椿，不仅可以凉拌，单独做菜，而且还可用来做成大菜即扣肉底菜。

仡佬族很喜欢吃辣食，吃法很多，如：将嫩辣椒放在干锅内爆成半熟，然后用油炒煳；或将嫩辣椒煮成半熟，晒干，吃时再用油炸，直接用来下酒。

为了祛潮取暖，仡佬族人每餐都少不了一锅辣椒汤；仡佬族人的辣椒有多种吃法，如辣椒粥、霉豆腐辣椒、豆辣椒等，不过，最受他们喜爱的要算是骨粉与辣椒加工腌制而成的辣椒骨。

肉类主要有猪肉、羊肉和牛肉、马肉，其中较有代表性的风味菜肴是用猪骨头、鸡肉加大量的辣椒粉舂碎，加各种佐料做成的辣椒骨，食用时既可单独做汤，又可与其他菜相配，制成各种风味菜肴。

“爬坡酒”最富特色

仡佬族善酿酒，以“爬坡酒”最富特色，酒用玉米、高粱、毛

仡佬族餐桌

俗称“酤糟”，用糯米或玉米、小米酿制，多用于煮汤圆、鸡蛋，或用凉水冲饮。

烧酒亦称火酒，用玉米或高粱酿制，其味浓烈，平常待客和筵席必备。

稗、稻谷等酿制而成，常用作礼品赠送亲友。酒酿成后，盛于缸内，用紫灰拌黄泥密封缸口。

密封时，将两根一弯一直的空心细竹竿插入缸内，外露一关。有的还将此酒窖在地下，两三年后作嫁女酒宴之用，又称“嫁女酒”。饮用时，打开空心竹竿塞，客人们轮流咂饮。

先年有咂酒，以编谷、高粱、玉米、小米、大麦等为原料，发酵后贮坛密封，预置竹管，用时含管吸饮。后多为甜酒、烧酒。甜酒

“吃油茶”是待客佳品

茶分清茶、油茶。清茶多用老鹰茶、藤茶、家茶或苦丁茶熬饮。油茶以家茶用油煎炒后加水煮沸，将干，用木瓢背反复揉成浆状，称“茶羹”，再加油煎羹，添水煮沸，加盐，佐以芝麻、核桃仁末、花椒调味，即可饮用。可以粑粑、粽子、麻糖、瓜子等佐食，亦可煮“油茶鸡蛋”“油茶汤圆”“油茶稀饭”等食用。

大多数地方仡佬族都有“吃油茶”的习惯，并视为待客佳品，

有的日食三餐不离，否则精神不振。居住在旧城、隆兴一带的仡佬族多无“吃油茶”习俗。

一些地区的仡佬族人家喜欢吃油茶。制法是用猪油放于铁锅内加热，拌以蛋、肉，再掺水，放些盐、糖熬成，以作饮料，配以包谷花、米花、酥食、麻饼、花生、糯米粑，干、衡相配，作待客之用。

◆撒拉族民间饮食——古朴自然的肉食佳肴

撒拉族主要聚居在中国黄河沿岸的青海省地区。撒拉族男儿，多以上山伐木、下河板筏为生。此外，养蜂是撒拉人最喜爱的副业生产，园艺也是他们的特长。

节日的“常客”——“比利买海”

撒拉族最大的传统节日为古尔邦节，每当节日来临，撒拉族都要宴请宾客，煮手抓羊肉，炖鸡肉，做糖包、油炸蛋糕、炸馓子，做油搅团和各种烩菜。

亲友之间往来，一般要相互馈赠焜锅馍、酥盘，类似大馒头。尤其看望妇女坐月子，都要带上比利买海，请产妇滋补身体。在新娘上路之前，女方的家长要用做好的比利买海和上好的茶水招待迎送新娘的客人。

牛羊头蹄是撒拉族人最爱

牛羊头蹄是撒拉族人普遍爱的一种肉食。宰罢牛羊后，砍去犄角，用烧红的铁铲把牛羊头上各部位的毛燎尽，再用碱面水洗净。用刀从牛羊头的嘴角处沿牙骨割到耳后根，劈成两半，放入锅里，烧开后加放小麦同煮。

调料只用当地产的花椒和青盐。当煮到肉皮脱落时即可食用。早餐时，主妇把肉捞到案上，一块一块地取下，将每个部位分放到各人的碗里。牛羊蹄肉须每

人一份，眼睛通常由老人吃，据说老人眼花，可以起到吃啥补啥的效果。

宰牛羊的当天，撒拉人还将牛羊肠、肚等用碱水洗净，再将牛羊心肝等剁成肉末或肉泥，拌以面粉、葱花等，细心地塞进牛羊大肠里，用细线封口。另外，将豆面和白面拌匀调成面糊，由两人合作，灌入小肠内，封口，和大肠一起放进锅里，同时再放进几块胸叉肉一块儿煮。约 10 几分钟，大小肠即熟。

为防止肠皮煮烂，火候要适中。煮熟后，即请来亲友，由主妇捞出放到盘子里，端到客房的炕桌上，每人准备一把刀，客人自己一节一节地割下吃，各人的小碗里盛有用蒜泥、辣酱和醋调成的佐料汁。

麦仁饭是丧葬礼仪中的食物

撒拉族习惯于日食三餐，主食以面粉为主。家常品种有花卷、馍馍、馒头、烙饼、面片、拉面、擀面、散饭、搅团等。在一年一度的斋月里，一般都只食早、晚两餐，饭菜比平时丰盛一些。

麦仁饭是在丧葬礼仪中全村人集中食用的一种食物。安葬亡人后的第三天，在丧属家里支起专用大锅，左邻右舍的妇女们抬来泉水，装满大锅，本宗族或家族的小伙子们则上山打柴，准备烧火用。

三五个妇女们则将小麦洗净，一点一点地放进村里的大石臼里捣烂，并吹去麦皮，倒进大锅，放少量蚕豆或豌豆，开始烧火，经过十几个小时，才能煮烂；尔后将肉丁、葱花等倒进大锅，搅匀即成。

丧主还要宰一只羊，将羊肉煮熟后，切成约三个手指头大小的肉份子。一切准备好之后，下午三点左右，派十几个孩子到村

果叶茶

里较高的地方向全村人呼叫来吃麦仁饭。

村里人听到呼叫声，便自带碗筷去吃麦仁饭，吃毕，每人分得一块肉份子，带上一碗麦仁饭回家。男人及孩子们吃完后，才由妇女们吃。

别具风味的果叶茶

在饮食上，以小麦为主食，辅以青稞、荞麦、马铃薯和各种蔬菜。逢年过节或贵宾迎门，则以炸油香、搓馓子、做油搅团、手抓羊肉、蒸糖包等庆贺节日或招待客人。

奶茶和麦茶是颇受撒拉族男女老幼青睐的饮料。家家都有火壶和盖碗等茶具。

日常饮料除清茶、奶茶和盖碗茶以外，还常饮麦茶和果叶茶。制作麦茶时，将麦粒炒焙半焦捣碎后，加盐和其他配料，以陶罐熬成，味道酷似咖啡，香甜可口；果叶茶是用晒干后炒成半焦的果树叶子制成，饮用别具风味。

◆阿昌族民间饮食——谷花鱼里话丰年

阿昌族主要居住在中国南方云南省一带。阿昌族主要从事农业，以种植水稻闻名。居住在边疆的阿昌族，饮食以大米为主，掺以薯类、玉米。

“春里棠梨花，夏秋谷花鱼”

稻田养鱼是日常吃鱼的主要来源。谷花鱼是栽秧时将鱼苗放入田内，谷熟后取鱼，称谷花鱼。山清水秀、水质清醇的稻田加上充足的谷花，当然鱼就长得特别肥美了。

把鱼儿用清澈干冽的深井泉水冲洗干净，或清炖、或为酸辣、或油煎。清炖的肉嫩骨软，并佐以自家地里翠绿的青椒丝、大葱、芫荽添色，令人馋涎欲滴；酸辣的麻辣可口，红辣椒与金黄的腌菜相互点缀，异香扑鼻；油煎的金黄香脆，撒点盐巴，即是最好的下酒菜。下箸一尝味道鲜美，香甜可口，妙不可言，真让口水族大快朵颐。

喜食酸食的阿昌族人

阿昌族人喜食酸味食品，主要有酸笋、酸菜、酸肉，这是阿昌族饮食文化的一大特色。

酸食是阿昌族的每日必不可少的菜肴，是常见的酸食品是酸笋和酸腌菜。

腌酸笋的季节在春秋两季，当竹笋发出嫩芽，长出约30厘米高时，便可连根砍下，剥去笋壳，切成笋丝或笋片，放于陶罐中，撒上盐巴，置于火塘边，烘烤

花鱼

数日，酸味即出，便可随食随取。

酸笋可单独吃，也可和其他鱼肉、蔬菜一起煮着吃，其味鲜美，凡食者无不称道。

味道鲜美的“过手米线”

阿昌族的过手米线，即火烧生猪肉米线。做法是将猪肉在火上烘烤成半熟，剁细斩茸，用酸

醋拌熟，再加上碎花生米、猪肝、猪脑、粉肠各种调料，如蒜、辣椒、芫荽、豆粉、姜等，吃时把米线掐在手掌心，再放肉馅，拌和一起吃，故名“过手米线”。

该米线柔软、光滑、不结团、不黏手，肉馅拌下去，不沉底，也不浮头，均匀地散布在米线中，味道鲜美，酸辣可口，别具风味。

如果盖上焖肉、鸡丝等配料，可做成各式不同的饵丝；米线除同饵丝一样热食外，还可凉拌，或在米线里加一勺热稀豆粉（豌豆面与水合煮），再加油辣椒、蒜姜泥、味精等调料，做成稀豆粉汁米线，辛辣滑嫩，是阿昌族入夏之后经常食用的小吃。

伤感的“嚼烟传说”

阿昌和佤、傣、景颇、崩龙、德昂等民族都有嚼烟的习惯。据阿昌族民间传说：从前，有一母女俩相依为命。不料，女儿刚成人，母亲就不幸去世了，女儿嚎啕大哭，痛不欲生，她茶饭不思，在妈妈坟上哭了三天三夜。

第三天，坟上长出了一棵水灵灵的烟树，女儿嗓子渴，掐来一片嫩叶放进嘴里，嚼来又甜又有味，愁闷一下消失，疲劳也消失了。后来，女儿每当看见烟叶，思念起亡母，总要掐点来嚼。

伙伴们见她嚼得津津有味，也跟着嚼起来。后来，嚼的人越来越多，嚼烟成了她们驱除疲劳、消闲解闷的好方式，以致成为嗜好和待客之道。

◆珞巴族民间饮食——是客进门三瓢酒

珞巴族所有成年男子的腰间都挂着火镰，显然是为了野炊或吸烟取火方便。但是，从一些饮食习俗中，仍可窥见珞巴族先民曾有过生食的历史痕迹。

如一些部落在盟誓时，要饮用血酒。博嘎尔人每年收秋后杀牲庆祝，把余温未冷的牛血倒在酥油中饮用。他们认为，野牛的骨髓吸出来生食味道最鲜美。一部分珞巴人常把獐子肉剁成肉酱，拌上辣椒和姜末作为配料。

珞巴族民居

珞巴族煮食方法很独特

珞巴族用石块烙制的食品也很常见。把荞麦和玉米研磨后，用水调和成稀面团，摊在烧红的石片上，先烙熟一面，再翻烙另一面，如饼太厚，烙过再埋入火塘的灰烬中，使其熟透。

珞巴族煮食食物的方法也很独特。崩如、苏龙部落的人把达谢调成浆，放在大葫芦里，再从火塘里把烧红的石头取出来，立刻投放到葫芦里，利用石头的热量把达谢煮熟。

或者把粮食放进竹筒，加上水，堵上木塞，放在火堆上烧。食用时用刀把竹筒破开。这种方法多用于外出远行。

珞巴族一日三餐。炊事是女主人的事儿。实行分餐制，分发饭菜也由女主人掌管。吃饭时，一家人按规定的座次席地盘坐在火塘四周。

先由女主人给每人倒水洗手，家人洗罢手，女主人取出少量饭菜和酒，撒到火塘里，以祭供灶灵；然后，在每人面前盛饭菜的陶钵、竹碗或卷起的芭蕉叶里，不分年龄长幼、饭量大小，平均地分配饭菜，酒则随意而饮。餐具都是各人保管，吃不完的可以留下来下顿自用，或让给他人。

在一些部落中，还有“尝新”

的习俗：每年的收获季节，开镰前，要先在田地中央取回一些粮食，做熟后，让猪先尝。

在这些部落中，流传着猪救母子再传子孙的神话。

故事说，在渺远的古代，祖先阿巴达尼和他的妻子冬尼海依及儿子遭到恶鬼格波伦布的陷害，幸遇一头母猪拯救了他们，才使他们得以子孙繁衍，有了今天的珞巴族。另一则神话说，人们种植粮食所用的谷种，最初是由猪奶奶给送来的。

肉质细嫩的山鼠

采集和狩猎是珞巴族食物的重要来源。他们捕捉山鼠的方法多种多样，用石板压、设小地弩、下活套都很有效。有的家庭占的特定的捕鼠区，外人不得染指。

捕到山鼠后把毛烧掉煮熟便可食用，如果一时吃不完便烤干、晒干贮藏备用。

珞巴地区的山鼠肥而大，肉质细嫩，往往是婚嫁待客的上乘佳品。珞巴族是一个非常好客的民族，招待客人端出的食品，客人必须吃完。

主人还要当着客人的面，先喝一口酒，先吃一口饭，以示坦诚。珞巴人把挽留客人视为荣耀，如果待客不周，会遗憾终生。

“珞巴进门三瓢酒”

珞巴人待客有一套特殊的方式。屋内有专门为客人准备的座席，由女主人专门接待。客人在室内就坐，女主人立即捧上用葫芦瓢盛的米酒，站在客人面前，先自饮一口，以示无毒，然后微笑着，殷勤劝进。

此时，客人须连饮三瓢，主人方才满意；主人如见客人醉倒，则视为知己，尤其高兴。这就是传为佳话的“珞巴进门三瓢酒”。

在希蒙部落中，待客饮酒的习俗别有情趣。客人到来，主人会请他到氏族公房“德仁”中。宾主

围坐一圈，中间放一个大葫芦。

女主人先从大葫芦中舀出满满一大瓢酒，自饮一口，再倒回葫芦中；然后从中舀出满满一大瓢，先从客人敬起，一人一瓢，如此反复轮回，至少三巡以上。如果有人在某一轮中没有喝完，可以回敬女主人，或倒入自己随身携带的酒葫芦中，但绝不能泼洒在地上。

珞巴族善酿酒，一般不喝茶，只爱喝酒。酒类极多，用稻米做的醪糟酒称作米酒，甘甜醇香；玉米或鸡爪谷做的水酒，清澈酸甜；用“达谐”“达荠”和“达白”等做的酒，是珞瑜南部一些部落日常饮用的，清淡爽口，消渴解暑；还有竹花果、蜜蜡或其他水果做原料酿制的各种黄酒。

山鼠

·迷你知识卡·

沙虫

动物学名称为“方格星虫”，非海肠子，产于沿海滩涂泥沙之中，外观长两寸左右，状若芦芽，是一种高蛋白的补品。其味道鲜美无比，被誉为“海洋虫草”。

第六章

民间美食风味浓

◆塔吉克族民间饮食　农牧区的美食盛宴

塔吉克族虽然有欧罗巴人种的特征，但从远古时代起，他们就生息繁衍在中国这块土地上。现百分之六十的塔吉克族人聚居在新疆塔什库尔干塔吉克自治县，其余分布在沙东、泽普、叶城和皮山等县。塔吉克族的节日有春节、播种节、引水节等。

塔吉克族注重主食

塔吉克族在山常饮食中，都很注重主食，不太讲究副食，很少吃蔬菜。一日三餐，早餐是奶茶和馕，午餐是面条和奶面糊，晚餐大都吃面条、肉汤加酥油制品。

农区和牧区的塔吉克族，在食物结构上略有不同。农区以面食为主,牧区以肉食为主。喜将面和奶或米和奶一起制成主食。

塔吉克族民间独具特色的食品如布拉马克(奶面糊)、哈克斯(油面糊)、泰勒提(酥油泡馕)等都是用牛奶加面粉,或酥油加面粉制成的。

其他许多日常食品,因受维吾尔族的影响,其做法大体上与维吾尔族做法一样。如面粉制作的烤馕,大米加羊肉、羊油、胡萝卜等做成的抓饭等。

按传统习惯,一日三餐的饮食安排、各种食品的制作,均由家庭主妇承担,一般男人不需插手。进餐时,在地毯上铺饭单即布餐巾,就餐者围其四周,长辈坐在上座,菜饭按座次先后递送。

原汤原味的手抓羊肉

在肉食上,塔吉克族最喜欢用清水将较大的肉块煮熟,然后蘸盐吃,认为是原汤原味,民间把这种食肉的方法称为手抓羊肉。

此外,那仁(肉块加面片或将牛奶、肉汤混制加面片)、"阿热孜克"(油馃子)、油饼、奶干、奶疙瘩、奶皮子也是日常不可缺少的食品。

塔吉克族日常饮料多习惯于饮用奶茶。

隆重的节日食俗

塔吉克族的许多传统节日,与当地维吾尔族、乌孜别克族、柯尔克孜族等信仰伊斯兰教的

塔吉克族

民族基本相同。其节日食品也大致相似。

每逢节日，家家都要宰牛、宰羊，做各种油炸食品。如有贵客到来，款待更为隆重。敬客宰羊时，要把欲宰的羊牵到客人面前，请客人过目后再宰杀。

进餐时，主人要先给客人呈上羊头，客人要割下一块肉，再把羊头双手奉还给主人。随后，主人还要将一块夹羊尾巴油的羊肝送给客人，表示对客人的敬重。

然后，主人要拿起一把割肉的刀子，刀柄向外送给客人，请一位客人分肉。客人往往相互推让或同请主人分肉，一般由有经验的客人分肉，肉分得很均匀，人各一份。

食毕大家同时举起双手摸面，做“都瓦”，最后由主人家里的人收拾残肴，取走铺在地毯上的“饭单”，大家才能起身离席。进餐的客人中如有男有女，一般要分席就餐，进餐方式和食物相同。

羊、食物作为婚礼贺礼

塔吉克族男女订亲时，男方要向女方送羊只、牦牛和金银首饰作为订亲礼。婚礼仪式一般在女方家里举行，双方设宴待客，前来祝贺的亲友都要带羊、食物等作为贺礼。

举行结婚仪式由宗教人事诵经主持，然后在新郎、新娘身上撒一些面粉，并由宗教人士将沾盐的肉送给新郎、新娘各一块，表示祝福。

◆保安族民间饮食——别具风格的“闹婚宴”

保安族是十二世纪一支信仰伊斯兰教的蒙古人在青海同仁一带驻军垦牧，同周围各民族融合而成。分布在中国西北甘肃省保安族自治县。保安族以经营农业生产为主，畜牧和采集为辅，手工技艺卓绝。

保安族喜面食

保安族种植的薄皮核桃、冬果梨和他们制作的铜质镶花腰刀，素有“保安三宝”美誉，闻名甘、青、藏。保安族还保存了一些与蒙古族相似的游牧民族的习惯，如喜爱摔跤、善骑射等。

馒头和炕锅馍馍是主食

保安族日常食品有米有面，大多数较偏重面食，做法与北方其他民族相似。主要有馒头、花卷、煎饼、炕锅馍馍、包子、汤面条、臊子面、凉面、浆水面和捏面筋等，许多杂粮如玉米也多磨成面后食用，其中特有的食品散饭和搅团，就是用杂粮面制成的。

馒头和炕锅馍馍是最为常见的主食。炕锅馍馍的做法是将发酵后的面团掺入适量干面，用碱中和后加些菜油，揉匀后放入炕锅内，有的在揉面时还分层加入菜油，还有的加入食盐或白糖，并在馍上揉出各式花纹图案，如牡丹、月季花，入锅后加盖盖紧。再把炕锅埋入热炕洞内的温火中，经适当烧烤后，即成为外黄脆、内瓤松软的炕锅馍馍。

鸽肉稀饭常作为药膳

在麦收前，保安族家家都要做青麦包子。肉食除牛、羊肉外，兼食鸡、鸭、鱼，一般以手抓羊肉为上肴。

此外，保安族认为鸽肉稀饭有补五脏、益心力的功能，常作为药膳，为大病初愈、身体虚弱的人作补品。其做法是将野鸽宰杀后去毛洗净，切成块状加大米或小米，再放一些蕨麻，温火炖烂食用。

保安人的肉食品以牛羊肉为主，忌食猪、马、驴、骡和其他凶猛禽兽之肉，忌食一切自死动物的肉和血。偏重于纯肉制品，如手抓羊肉、碗菜即熟牛羊肉切块，加胡萝卜、土豆、粉条，用牛羊肉汤烩成、麦仁杂碎汤、大块清水鸡、爆炒鸡块、清煮全鸭等。

最具情趣的“闹婚宴”

保安族的婚礼中有不少饮食，男女双方订婚时，男方要向女方送聘礼，其中就有干礼、拿手茶。结婚当天，新娘离开娘家时，要向身后的路上抛撒“五色粮”，即麦、豆类、玉米或茶叶等，以示将幸福留给父母，报答养育之恩。

最具情趣的要数“闹婚宴”。当娶亲马队来到女方家时，先请阿訇念证婚词，接着将红枣、核桃等喜果抛撒在院中，让小孩争抢，烘托红火气氛。

然后入房进餐，食用羊羔肉或手抓羊肉。这时女方家的小伙子涌入，争要规程钱。娶亲者若不能满足他们的要求，则被涂成大花脸。

据说这样一闹，未来的外甥就同舅家格外亲热。当送亲的队伍快到男方家时，男方的小伙子又千方百计阻拦内兄抱新娘进门，双方斗智斗勇，洋相百出，围观者哄笑为乐。

新娘“委委屈屈”进门后，婆家立即用炒肉面、碗菜、羊肉糖包、河州包子、手抓羊肉等答谢送亲的人，但是新娘不可入席。

新娘过门后，三天不食男方家的饭，由女方家送饭来，以示

父母对女儿的关怀。

入夜，主人即在门外很快点起熊熊的篝火，烤上羊肉，煮上浓浓的茯茶。亲友们自由地围坐，痛快地吃喝，赞美新娘漂亮，祝福主人吉祥。

小伙子边向火堆撒五色米粮，边唱《宴席曲》，姑娘们翩翩起舞。主人不断端出食盘敬客，笑笑闹闹直至深深夜。

全羊席

保安族的全羊席

保安族的节日同许多信奉伊斯兰教的民族相同，如开斋节、古尔邦节、圣祀日等，家家都要炸馓子、油馃、蜜圈圈和油香。其中以炸馓子和油香最为普遍，不仅在节日期间，都要宰牛、羊、鸡、鸭。宴请宾客以全羊席最为隆重。

保安族的全羊席做法是把整只羊加上调料煮熟，按肋条、脊背、前后腿、髋、脖子、尾巴分部位切割开，然后带骨剁成一指厚、手掌大的肉块，每个部分装一盘上桌，供就餐者选用，羊的头蹄、杂碎加麦仁煮汤，也是一种美食。

除了整羊之外，一般做鸡、鸭也都要加好调料整煮，熟后再按骨骼衔接处分割成 14 块或蒸、或爆炒，除鸡头和脖子外全部盛盘子上桌，民间称大块清水鸡或爆炒鸡块。男女青年结婚，按习惯由男方家置办酒席宴客，但头三天新娘不吃男方家的饭，而是由娘家送来，以示不忘父母养育之恩。

在节日或喜庆的日子，不仅饭菜讲究，饮茶也不同于平常的日子，届时要在茶碗内泡上冰糖、桂圆，称为三香茶，有的还要放上杏干、葡萄干称为五香茶，甚至连茶具也要选用好的。

◆毛南族民间饮食——地道正宗的“毛南三酸”

毛南族主要聚居在广西环江县上、中、下南山区，其余分布在广西河池、南丹、宜山、都安等地。毛南族是岭西的土著民族。唐以前的僚、宋元明的伶是他们的祖先，与古代的百越也有关系。

消夏解暑佳品“米蜂仔”

毛南族日食三餐，均以大米和玉米做成的各种饭为主食。如毛南饭，即用糯玉米粉加竹笋及其他蔬菜和佐料混合煮熟后制成。是毛南族夏季的主食。

制作时，先把玉米磨碎，簸去粉和糠，再放石难中轻轻舂成玉米心，煮熟加菜、油、盐，搅成糊状即成。

毛南族还长于用大米或玉米制作“米蜂仔”作为辅助主食，是消夏解暑佳品。家家喜欢食甜红薯，并作为入秋以后的辅助主食之一。

明伦白切香猪是毛南族名菜

毛南族地区蔬菜较多，四时不断，有豌豆、白菜苦麻菜、南瓜、红薯叶、豆荚、芭蕉芋、青菜和萝卜，其中南瓜是秋冬常食的蔬菜，既可切片煮粥，也可单独蒸食。

肉类来源主要是家禽、家畜，有猪、牛、鸡、鸭等。喜食狗肉，有些地方中元节有杀狗食肉之习。

毛南族食用牛肉时，习惯于

将牛肉切成薄片，待水烧开之后，放入涮至刚熟，蘸生姜、葱、蒜、西红柿、酱油、盐配制的佐料吃。

明伦白切香猪是毛南族的名菜，用当地产香猪加佐料蒸制而成。此外还有：甜红薯；螺蛳酸，是民间佐餐小菜；蒜头酸水，毛南族小菜，山区每家都制作。

“毛南三酸”——“腩醒”“瓮煨”“索发”

大部分毛南族都有吃酸肉的习惯。“腩醒”“瓮煨”“索发”俗称“毛南三酸”。

“腩醒”是将猪肉或牛肉切片拌盐，加熟糯米腌制的肉，“瓮煨”是用蒜头、黄豆加盐发酵而成酸汤，再用来腌青菜、猪肉、猪头，使菜和肉变酸而成为脆化发香的菜肴。

用碎猪肉骨头加螺蛳制成的螺蛳酸，称为“索发”。索发和鸭血加佐料制成的鸭血酱，是毛南族的典型菜肴。

毛南族一般都喜食半生半熟的菜肴，认为一些肉和菜特别是鸡，煮得过熟会走味。唯独对鸭以煮烂熟为宜，在烹饪上有“鸡生鸭熟”之说。

毛南族在杀牛时，喜饮牛血，称牛血为“牛红”，认为喝牛红对身体有补益。毛南族大都喜欢饮茶，暑天常以浓茶解暑。

丰富多彩的节日美食

毛南族逢年过节、操办喜事，都喜欢做豆腐圆，做法是把猪肉或牛肉、干虾、花生米、大蒜、香菜、胡椒混合剁碎，加入食盐后拌匀成馅，用捣烂的水豆腐包上馅放在手中或碗里反复滚动即成圆状，然后放到油锅内炸熟。吃时放在锅里煮汤，味道鲜香可口，既是宴请客人的必备菜肴，也可作为礼物相互馈赠。

在节日里，毛南族喜欢用开水涮牛肉待客，即按本地的习惯，在火塘上摆置一口铁锅，进餐时大家围拢在铁锅的周围，将生肉、生菜倒入沸水中涮熟，然后蘸配料下酒，这是毛南族民间最常见的宴请形式。

毛南族民间最大的节日是每年夏至后的分龙节。过分龙节时，家家户户都要蒸五色糯米饭和粉蒸肉，有的还要烤香猪。折回柳枝插在中堂，把五色糯米饭捏成小团团，密密麻麻地粘在柳枝上，以表示果实累累，祈望五谷丰登。

毛南族也过端午节，民间称为“药节”。过药节时，习惯采艾叶、菖蒲、黄姜、狗屁藤等草药熬水饮用，或用这些草药剁碎做馅，包粽粑可以解毒去病。

毛南族成年男子都好喝酒，并有非酒不足以敬客之说。

牛肉

◆塔塔尔族民间饮食——驰名全疆的小馕

新疆的塔塔尔族历史上以经营商业为主，少数人从事畜牧业和手工业，也有少数农户。塔塔尔族的传统饮食十分丰富，独具民族风味。

肉食的原料有马、牛、羊、山羊、鸡、鸭、鹅、鱼肉；面食的原料主要是小麦和大米；蔬菜类有土豆、豆角、豇豆、黄萝卜、洋葱、包心菜、南瓜等；鸡蛋、清油、牛羊奶、奶皮、砂糖、蜂蜜、各种干鲜瓜果也是重要的原料。

口味鲜美的小馕

塔塔尔族一日三餐，早晚多用茶点，中午吃正餐。日常以面、肉、奶为主体，也吃大米、蔬菜和水果。塔塔尔族妇女以烹饪手艺高超，善于制作各种烤饼和糕点而闻名遐尔。她们做出来的糕点，不仅美味可口、品种繁多，而且形状也很美观。

用鸡蛋、面粉做成的小馕，以灵巧精致、口味鲜美而驰名全疆。制作糕点的原料与内地基本一样，用面粉、鸡蛋、奶油和白糖等。在节日、婚礼或宴请宾客时，都要精心制作各色精美的糕点食用。

塔塔尔族最具特色的传统风味食品是“古拜底埃”和“伊特白里西”。

“古拜底埃”是用大米洗净后晒干，上覆奶油、杏干、葡萄干等放在火炉中烤制而成的一种糕饼，其特色是外皮酥脆，内芯松软，香甜可口；“伊特白里西”是原料以南瓜为主，再加入肉和大米。

奶油酥鸡别有风味

塔塔尔族副食主要有肉食和奶类食物。“开西米日”即把羊肉、马肉或牛肉块和胡萝卜煮熟后食用；“克孜都日米拉”就是把熟牛、鸡、鸭、鹅肉块和煮熟的土豆放在平底锅烧烤，然后将肉块和土豆片混合食用。奶油酥鸡别

小馕

有风味，把酥油、鸡蛋和牛奶灌入鸡膛内，把口缝紧，用慢火炖熟即可食用。

伊犁地区塔塔尔人常用苹果、海棠果、杏子、红枣、葡萄干、草莓果等制作果酱。最为有名的是以野生树莓为原料制作的“唐古来酱”和草莓酱。

塔塔尔族的点心有饼干和“巴哈力”两种。制作饼干大多以面粉、砂糖、牛奶、鸡蛋为原料，其形状丰富多样，有核桃状、娃娃状和动物状。

“巴哈力”就是将蜂蜜、鸡蛋、砂糖、清油、面粉和在一起，放在烤盘上摊开，上面点缀核桃仁、杏仁及葡萄干，经火烤而制作的，味道香甜酥松。

烹制奶茶很有讲究

塔塔尔族的饮料除茶外还有牛奶、羊奶和马奶。最富民族特色和最喜欢喝的是用蜂蜜发酵制成的“克尔西麻”；用野葡萄、砂糖和淀粉酿制的“克赛勒”；用茶叶、枸杞、杏仁、冰糖泡制的五香茶。

奶茶是塔塔尔族生活中不可缺少的饮料，烹制奶茶很有讲究。塔塔尔族一般多用茯茶作原料烹制奶茶。烧奶茶时，先将茶水熬得淡淡适宜，撇去茶渣、将熟奶掺入混匀，使其沸腾，待茶乳交融后加适量食盐即成。

饮奶茶时，把奶茶盛入碗中，稍加奶油或酥油，然后将呈小片的馕泡入奶茶食用，可谓最简单的一餐。奶茶又是塔塔尔族人待客的常备饮料。待客时，主人坐在客人的下方给客人敬茶。

婚宴饮食颇有情趣

塔塔尔族用餐很重礼节。全家人按长幼就座，每人面前置放一块手巾，用于擦嘴、揩手，防止饭菜溅污衣服。饭前洗手，人各一份刀叉、勺子。主妇端送食物，先长后幼，秩序井然，有些人家有饭后吃水果的习惯。

塔塔尔族的婚宴饮食亦颇有情趣。夕阳西下时，新郎来至女方家，先按教规举行仪式，然后夫妇共饮一杯糖水，表示生活甘甜似蜜。

从当晚开始，新郎要在女方家留住一段时间，有的地方要一直要住到孩子出生，才双双回到男方家。

新娘回到夫家，亲友们还要向她身上撒糖果，举行宴会，以示欢迎。

◆德昂族民间饮食——酸茶叶是“茶妈妈”

德昂族原名崩龙族。1985年正式改名为德昂族，是中国西南边疆现有居民中最古老的民族之一。主要聚居于云南省。主要从事农业，种植水稻、玉米、荞子、薯类等，擅长种茶。

酸笋用途十分广泛

德昂族绝大多数以大米为主食，部分地区杂以包谷和薯类。均以蒸焖而食，擅长制作各种粮食制品，如：豌豆粉、豆腐、米粉、年糕、粑粑、汤圆等。

德昂族饮食比较考究，用料较为广泛。擅长煮、炖、拌、舂等技法，口味酸辣中带甜。蔬菜种类繁多，竹笋是四季不断的蔬菜之一，除鲜吃外，多加工成酸笋或干笋食用。

其他蔬菜的食用，都习惯于在煮炖时配酸笋。酸笋用途十分广泛，即使在炖鸡、炒肉或烹鱼时都要加酸笋味。腐乳也是德昂族餐桌上常的小菜。主要特色菜有凉拌番木瓜、凉拌挑手鱼、竹筒捣菜、脆皮冬瓜、勒浪等。

可直接嚼食的酸茶叶

德昂人嗜茶成瘾，他们说一天不喝茶，混身都没劲。只有喝

茶点

下一杯浓浓的热茶，才能提起精神，也饮酸茶，又称湿茶，古称谷茶或沽茶。味酸涩，能生津解渴。并有解暑清热，消食的作用。这种茶是用刚摘下的新鲜茶叶密封在竹筒里发酵后制成。

酸茶叶也可直接嚼食，味微酸，微苦而回味甘甜。德昂人认为这种茶可以解热散毒。干茶和酸茶在当地集市上都可买到，通常由年长的德昂妇女出售，它们被为蔑宁，在德昂语中，这是“茶妈妈”的意思。

腌茶一般在雨季，鲜叶采下后立即放入灰泥缸内，压满为止，然后用很重的盖子压紧。数月后将茶取出，与其他香料相拌后食用。

也有用陶缸腌茶的，采回的鲜嫩茶叶洗净，加上辣椒，盐巴拌和后，放入陶缸内压紧盖严，存放几个月后，即成为腌茶，取出当菜食用。也有用作零食嚼用。

以茶作为礼品

饮浓茶，这是德昂族成年男子和老年妇女的嗜好。传说从古老的时候起就有这种习俗。因此，德昂族各家各户都习惯在自己住宅周围或村寨附近栽培一些茶树，采摘的茶叶系土法加工，主要供自己消费，有剩余时携入市场与其他民族交易。

茶在德昂族民间不仅是常备的饮料，也是馈赠亲友的最好

以茶作为礼品

礼品。在日常生活中，德昂族离不开茶，婚丧嫁娶。探亲访友，都以茶作为礼品，茶到意到。

如参加婚礼时，要送一包扎有十字红线的茶叶；参加葬礼则送一包用竹篾或竹麻拦腰捆扎的茶叶。到德昂族人家做客，好客的主人将客人迎上竹楼后，会捧出一杯杯烤得焦香的浓茶递到客人手中。

订婚仪式上要斩鸡头

德昂族还有祭家堂、寨神、地神、龙、谷娘等祭祀习俗，其中以祭龙最富情趣。祭日一般选在春季，届时要杀猪、杀鸡，由祭司画纸龙，众人叩拜，然后一起饮酒野餐，醉酒后相互打骂，发泄平时相互之间的不满。此间不许别人劝阻，直到双方斗得精疲力竭为止，第二天再相互道歉。

在德昂族男女青年的订婚仪式上要斩鸡头，如果鸡头与鸡身分为两半，双方都不能反悔；如果女方不赞同这门亲事，就不许杀鸡。

举行婚礼通常要进行 3 天，3 天之内全寨男女老幼要到新郎、新娘家里贺喜，由新郎新娘的双方家长宴请，并伴以对歌，彻夜不眠。

◆独龙族民间饮食——驰名西南的风味菜

独龙族主要聚居在中国西南地区云南省贡山独龙河谷。人们以种植、狩猎和采集为主，饮食习俗一般由所处自然环境及条件和生产、生活方式决定的。

随烙随食的石板粑粑

独龙江中下游一带，种植有少量水稻，中上游一带以种植旱地作物、杂粮为主。

独龙族的主食多以玉米、小米、稗、荞、青稞、马铃薯、芋头和黄豆为主，辅以少量稻米及野生动植物。

独龙族有日食两餐的习惯。早餐一般都是青稞炒面或烧烤洋芋。晚餐则以玉米、稻米或小米做成的饭为主，也用各种野块生植物的根磨成淀粉做成糕饼或粥食用。

独龙族民间仍然保留许多古朴的烹调方法，其中最常见的是用一种特制石板锅烙熟的石板粑粑。烙制石板粑粑时，多选用阿吞或董棕树淀粉，用鸟蛋和成糊状，然后倒在烧热的石板锅上，随烙随食，别具风味。

蜂蛹是最讲究的菜肴之一

冬季是独龙族地区狩猎的旺季，猎获的野牛肉是冬季主要肉食。食用野牛肉时，都先把牛肉风干，然后微火烘烤，再捣成丝状，做成肉松或切成小块，密封在竹筒内保存或随身携带。

独龙江还盛产各种鱼类，以鳞细皮厚的鱼居多。独龙族食用鱼时喜用明烤制或煎焙后蘸调料吃，并常把烤制的鱼作为下酒的小菜。

蜂蛹是独龙族民间最讲究的菜肴之一，有说独龙族百岁老人较多，与常食蜂蛹有关。

路上相逢，也要置酒相待

独龙族人们喜爱饮水酒、喝茶、抽旱烟。独龙人酿酒的方法奇特。

在地上挖一个土窖，四面用芭蕉叶围住，把煮熟的玉米或米饭拌好酒曲，放进窖里，盖上一层芭蕉叶，用泥土封口，在上面烧火加温，三五天后，将土坑钻一个小洞，如有浓烈的酒气，便酿造成功了，扒开封口泥口，把玉米或米饭掏出，放在盆里揉搓捣烂，滤出的汁液，就是食用酒。

独龙族蜂

独龙族民间互相邀请的方式十分独特，通常都是用一块木片作为邀请对方的请柬，把木片送到要邀请的客人家，在木片上刻有几道缺口就表示几天后举行宴请仪式。被邀请的客人要携带各种食品以表示答谢。

客人进入寨门后，要先与主人共饮一筒酒，然后落座聚餐，并观赏歌舞。入夜后男子在火塘边喝酒念祝词，然后将酒碗放在火塘上的竹架上，以碗口朝天为吉兆。

独龙族性情淳厚，即使路上相逢，也要置酒相待，认为有饭不给客人吃，天黑不留客人住，是一种见不得人的事。

凡建屋盖房，婚丧嫁娶，都要主动相助，遇猎物或杀猪宰牛，都要邀请远亲近邻聚餐，并在聚餐结束后主动馈赠礼品。

夹馅荞饼和“夏热阿”

在独龙族的食谱中，有两种

食品很受欢迎，一是被当作主食的夹馅荞饼，一是风味菜“夏热阿”。

做夹馅荞饼，先要和好苦荞面，上锅烙成荞饼。然后做好馅菜。馅菜根据条件，既可是常见的蔬菜，也可以是鱼、鸡、猪肉或野味。不过，独龙人很喜欢夹上一些野韭菜，使荞饼有一种独特的风味。

这种夹馅的养饼携带方便，人们出工打猎前，带上几个。肚子饿了时，就随地燃上一堆柴火，拿出饼来放在火上烧一烧，然后就着水酒或山泉水，风卷残云般，几个饼下肚，浑身就长出使不完的力气。

“夏热阿”是独龙语，意为酒焖鸡，做法和内地常见的红烧、黄焖鸡块差不多，只不过放进鸡肉里的不是水而是自酿的水酒。这样做出来的鸡肉，肉质鲜嫩，肉汁微微有一些辣，十分可口。

独龙人的酸竹菜也很有特色。这种用山中盛产的竹笋做出的菜，开胃解暑下饭，只要吃惯了，没有它还真有点饭菜不香的感觉呢！

◆布朗族民间饮食——腌制酸味食品是特色

布朗族主要聚居在中国西南地区云南省西部的西双版纳傣族自治州一带。主要从事农业，以种植旱稻为主，善种茶。

擅煮竹筒饭

布朗族的饮食别具民族特色，是布朗族物质文化的重要组成部要，特别喜欢吃酸性食品，还常腌制酸味食品，如酸笋、酸肉、酸鱼等，制作方法同当地其他民族如傣族大体相同，但布朗族常在腌酸菜时最上面放一层米饭。

竹筒饭

布朗族以大米为主食，辅以玉米、小麦、黄豆、豌豆等杂粮。喜用锣锅或土锅把稻米焖成米饭。

尤擅煮竹筒饭，煮时选一段鲜竹，装好米和适量的水，用火烧熟，剖开竹筒一人端一半以竹筒当碗用。米饭沾有竹瓤，食之有新竹清香和经炭火烘烤的香味，很可口。

食鼠和蚁卵是习惯

肉类以牛、羊、猪、鸡肉最为常见，也常捕食野味和昆虫。菜肴的烹制技法以清煮、凉拌居多。对许多野味、鱼、虾、蟹、蝉、虫等食物一般还用舂、炸、蒸等方法烹制。如：舂螃蟹、油炸花蜘蛛、蝉酱等。西双版纳的布朗人还喜食生肉。

布朗族人有食鼠和蚁卵的习惯。无论田鼠、家鼠、竹鼠均为所食佳肴。将捕获的鼠烧光毛，去皮和内脏，洗干净后煮食。布朗山有一种黑蚁，每窝有一只蚁王，能产卵数千，布朗人常挖食蚁卵。

“有酒必饮，饮酒必醉”

布朗族喜欢饮酒，且大都自家酿制。其中以翡翠酒最为著名。这种酒在出酒时用一种叫悬钩子的植物的叶子过滤后呈绿色，很像翡翠的颜色，因此而得名，布朗族人性格豪爽，朋友间有“有酒必饮，饮酒必醉”之习俗。

居住在西双版纳布朗山的

布朗族妇女，尤其是怀孕妇女嗜食当地红土，据说此红土有止吐、除腥、提神之效。

民族特色“竹筒子茶”

布朗族人善于种茶制茶，也很喜欢饮茶。姑娘们采下春茶后，制成散茶，又叫“大叶子茶”。她们还能制作一种具有本民族特色的“竹筒子茶”。

就是先把粗竹子砍成一个个竹节筒，将新采摘下来的茶叶炒熟，趁热装进竹筒塞紧，用芦叶密封好，并用藤条扎紧，放在火塘边烘烤，去掉它的水气，等到竹节表皮烤焦的时候，就制成了竹筒茶，储存数年也不会变味。这种茶喝起来香味极浓，布朗族人常用做送礼佳品。

布朗族人品茶也很讲究，有烤茶和泡茶两种。泡茶就是用开水冲泡，而烤茶则是在一个特制的小茶罐里放些茶叶，放在火塘边烘烤，等冒出香味时再倒入开水，水开之后倒进小茶盅，称为“浓茶”。布朗人喜吃酸茶，将茶叶按酸菜制法制成酸茶，放在口中嚼后咽下，能帮助消化。

·迷你知识卡·

枸杞

茄科枸杞属的多分枝灌木植物，栽培时可达2米多。国内外均有分布。

第七章

民间美食最环保

◆仫佬族民间饮食——醒来头不晕的“重阳酒”

仫佬族主要聚居于中国南部广西等地。仫佬一词在民族语言中，就是母亲的意思。聚居地山峦起伏，奇峰耸立，山多地狭，可耕田面积较少，农作物主要有水稻、玉米、红薯、小麦等。

煤砂罐是仫佬族特有饮具

仫佬族大都习惯日食三餐，早餐为粥，午餐食用早餐留下的粥，晚餐才吃米饭和比较丰富的菜肴。农忙季节一般都是早餐吃粥，午餐和晚餐为饭。

早餐、午餐的粥多用大米加玉米或大麦混煮。有时也用大麦做大麦饭。荞麦多用来磨粉，做成烙饼或团子食用。

有时也把红薯去皮煮熟，捣

碎与荞麦一起同煮。过去在春夏之交三月下旬吃大麦、小麦，入夏后吃玉米、大米；十月收红薯，直到下一年春，每天中午吃红薯，红薯是仫佬族主要辅助粮之一。

黄豆平时都经炒、煮后吃，节日和婚丧大事时用来制作豆腐。每年秋天，家家都要做二十至三十斤的豆酱，用以佐粥。仫佬族一向喜冷食，饭菜煮熟之后，晾凉了才吃，一餐吃不完，下餐再吃也不用再加热。

平时一般都喝生水。仫佬族烹调肉类习惯于“白余”，即把大块猪肉或宰净的整个鸡鸭放入水中白煮，然后切成小块，食用时再加盐，或蘸盐水。

白余

鱼类多用油煎，牛肉常作单炒。蔬菜习惯先用水煮，再加油盐。仫佬族喜食酸辣，家家备有酸坛腌制各种腌菜，有腌豆角、芋蓬、蒜头等。

民间早、中两餐，只用酸辣小菜佐饭。当地特产煤砂罐是仫佬族特有的烧饭、菜、烧茶的饮具。

糯米制品是节庆日子的主打

仫佬族过去崇信多神，节日较多。一年之中除十月、十一月之外，几乎每个月都有节日。三年一次的“依饭”节也叫“喜乐厚”较为隆重。

依饭节在立冬后的“吉日”举行。做“依饭”的目的主要是向祖先还愿，祈保人畜平安、五谷丰收。

常用老姜、鸡蛋、芝麻、黄豆、老公鸡、鱼以及猪的心、肝、肺、肾、肠、胃等十二种食品供祭。全村舞狮耍龙,唱歌唱戏,连续进行三天,因影响生产现已不多见。

每逢节日,除进行各种庆贺活动外,家家要置办丰盛食品。如:鸡、鸭、鱼、肉及糯米食品,还要按节令制作不同的节令饭菜。

正月十五过小年要捣糍粑;二月春社要包粽子;四月初八要蒸糯米饭;八月十五要做狗舌粽;腊月二十四要做水汤圆,蒸年糕;大年初一吃水圆,初二开始请客。出了嫁的妇女初二回娘家,并要带猪肉、鸡、鸭腿作为拜年礼品,返回婆家时照例也要带回一些节日食品。

糯米制品是各个节日和喜庆日子里的主要食品。结婚、小孩满月等均要制作糍粑,此外还要做豆腐,办酒席。

醇香扑鼻的重阳酒

重阳酒是仫佬山乡农家最喜欢的传统饮料。重阳酒醇香扑鼻,越喝越想喝,往往哪时醉了都不晓得,醒来头不晕。每年农历九月初九重阳节,仫佬山乡家

糯米食品

家家户户选出一部分上好的糯米熬酒。

重阳酒的制作方法与汉、壮族地区的甜酒制法相似，密封窖藏一段时间后才开坛饮用。

味道甜美的狗舌糍粑

狗舌糍粑是用糯米制成，后用桐叶包住，形状似狗舌，其名由此得来。它松软可口，味道甜美，再撒上香香的芝麻糖粉，那更令人回味无穷了。

它还具有特殊的意义，八月十五，是仫佬族男女青年“走坡”时节。坡场上青年男女唱罢山歌后，便围坐在一起相互交换各自带来的狗舌糍粑，意味着爱情像芝麻糖那样香甜。

逢年过节，仫佬山乡家家户户都包枕头粽欢度佳节。传说，枕头粽是一群砍柴的壮家儿童传教给放牛的仫佬族儿童的。

枕头粽每只有五六斤重，往往是一家人共吃一个就够了。先把糯米浸泡几个小时，捞出晾干后放些碱水拌匀；然后把粽叶背面一层层地摊开约一尺多宽，放上糯米到一定高度再加叶子围边，叠上一层叶子，铺放一层米，像谷围围谷子一样。最后用绳子绑紧牢，放进锅里边去煮一个昼夜。

◆土族民间饮食——味美可口的“羊肉筏子”

土族主要聚居在中国西北部青海省，土族人以农业为主，兼营畜牧业，尤其精于养羊。因此形成了别具风格的饮食文化。

土族饮食同生产有直接关系。牧区以食肉类、乳品为主食，农业区以青稞、荞麦、薯类为主，喜欢吃酥油炒面、油炸馍、手抓大肉、手抓羊肉、沓呼日、海流、哈力海、烧麦等。

土族

特有食品"沓呼日"

土族一般习惯于日食三餐，早餐比较简单，大都以煮洋芋或糌粑为主食；午餐比较丰富，有饭有菜，主食为面食，常制成薄饼、花卷或疙瘩、干粮等食用；晚餐常吃面条或面片、面糊糊等。

"沓呼日"是土族人招待客人的特有食品。在麦面中加上清油、盐水拌匀，做成圆饼，放进灶内烤熟，吃起来酥脆可口。

土族人招待贵客时，桌上要摆一个酥油花的炒面盒，端上一盘大块肥肉，上插一把五寸长的刀子，酒壶上系一撮白羊毛，这是主人对贵客最尊敬的招待。

土族人非常好客，特别欢迎客人来访，当地有句俗话说：客来了，福来了。宴席上，一般情况下主人要和客人喝三杯酒。客人到主人门前时主人敬三杯酒，叫做临门三杯酒；客人坐在炕上主人敬三杯酒，叫做上马三杯酒；开宴后，主人再敬客人三杯酒。

不会喝酒的人也不用害怕，只要客人用中指蘸上酒，对着空中弹三下就可以不喝了，可见土族人是非常尊重客人的意愿的。

节日特色饮食种类多

土族许多节日特色饮食，过春节时蒸花卷、馒头，炸油饼等；端阳节做凉面、凉粉；中秋节做多层大月饼。十月初一吃饺子，腊月初八最喜用豌豆面做"搅团"吃，腊月二十三晚上做白面小饼，还要在小饼上刻出菱形的图案，并用麦草编一个草马，专门用来祭灶。

面食类主要有油果子，加油烙成的薄饼等。“盘索日”，即将面拉成筷子粗细的长条，盘成四折用油炸成；“锅沓”，即将面擀成锅底大的圆饼，切成四牙，再拼对到锅中慢火烙熟；“罕溜”，即在锅中放少量水，上覆青稞面粉，焖熟，炝以清油，拌匀食之，形似拌好的炒面；“笑梅”，即蒸馍类，包括各种包子、花卷、馒头等。

“哈力海”是土族最有特色的食品，做法是将晒干的嫩荨麻揉碎成粉末，也有的将新采的嫩荨麻用开水烫一烫后切碎，下到锅里煮一煮，拌上青稞面，作成较稠的拌汤，调好各种调料，舀到摊开的薄油饼上，卷起来即可食用，既味美可口，营养丰富，且可防治痢疾肠炎。

羊肉筏子

肥瘦相间的“羊肉筏子”

土族吃牛、羊、猪、鸡、鸭肉及鸡、鸭蛋。原先是煮食为主，后来发展为炒、煎、焖、炸、烤。

土族对肠子有多种做法。面肠，猪宰了以后，将大肠清洗干净，将豆面或青稞面、麦面炒熟，拌上荤油、少量的水和各种调料，装进肠子，煮熟后切片或切段食用。

油肠，做法是将猪油和生面拌好后装进清洗好的猪大肠里，因为水分较少，这种油肠可以保存较长的时间。

血肠，就是将猪的小肠、羊的大肠清洗干净，将猪或羊的血里面和上切碎的肺、脾及其他肉，加上较多的葱末和一定数量的调料，装进肠内，煮熟后切段食用。

还有一种“羊肉筏子”，做法是先将整块的漫肚油取下摊开，将瘦肉剁碎成饺子馅状平摊在漫肚油上卷起，外面用小肠密密缠裹，煮熟后切段食用，肥瘦相间，味美可口。

饮料首推酩醾子酒

土族的饮料当首推酩醾子酒。此酒在过去几乎家家都有酿造，主要原料是青稞。将青稞煮熟晾冷，拌上酒曲，在10℃~15℃的温度下放两三天，再拌入羌活等药料，加适量温开水放进瓷缸密封发酵，半月后启封蒸溜淋酒。

此酒口味稍甜，后力较猛，醉后不易速醒，但不伤人。在一斤酩醾酒中放入狐胆一个，用瓷瓶或玻璃瓶埋入羊粪堆中，一年后取出，每天清晨喝一杯，可治老年慢性支气管炎。

土族人没有喝白开水的习惯，黑砖茶熬成的酽茶是每日不离的饮料。调上牛奶、酥油乃为上乘。麦茶做法是将小麦炒黄，粗粗粉碎，加上熟羊油添水熬成，加进姜面、花椒面和食盐等调味品。

麦茶性热，宜于冷天饮用，特别适用于坐月子的妇女饮用，也适应于胃寒体弱者。

◆赫哲族民间饮食——百吃不厌的鱼之盛宴

赫哲族主要分布在中国东北黑龙江省的黑龙江、乌苏里江和松花江沿岸。是中国北方唯一的依靠渔猎为生的民族。从古至今“夏捕鱼作粮，冬捕貂易货”，只有少数人兼营农业生产。渔猎经济，决定了赫哲族的物质文化

生吃鱼营养价值高

和饮食特点。

生吃鱼营养价值高

赫哲族一年四季以捕鱼为业，春打开江鱼，秋打大马哈鱼，冬天有的打冻网或进行冬钓。

生吃类有“杀生鱼”“生鱼片”“刨花鱼片”、生鱼干、鲟鳇鱼籽和大马哈鱼籽。这些都是古老的传统吃法，直到现在仍作为赫哲族独特风味饮食在民间继续流传。

“杀生鱼”是赫哲人平素饮酒时不可缺少的佳肴美馐，既是下酒菜，又可当饭吃。亲友客人至家，常以请吃杀生鱼表示尊敬。

做杀生鱼时，常常以四季最新鲜的上等鲤鱼或鲟鱼为原料，如果得不到这些名贵的鱼，有上等的杂鱼亦可。

“生鱼片”多半都是赫哲族在捕鱼时吃的。做法比较简单，用刀将鱼肉剔下，切成薄片，不放任何蔬菜和作料，只蘸醋和盐食用。如有辣椒或辣椒油可放一些，不仅可以去腥味，其肉也更加鲜美可口。

“刨花鱼片”也叫冻鱼片或冬鱼片，先将冻鱼剥皮，然后用刀往下削鱼肉片，被削下的冻鱼肉薄片，类似木工刨下的刨花，由此得名。

赫哲人在夏秋之季捕鱼颇多，一时又吃不了，遂将鱼肉剔下切成条或块晒干，捆好储藏起来，以备冬季缺乏食物时食用。吃时用木锤将鱼干锤软后，撕去皮再撕肉蘸作料食之，或用火烤后再食，风味颇佳。用同样的办法可晒狍肉或鹿肉干。

赫哲族

生拌大马哈鱼籽或生腌鲟鳇鱼籽大马哈鱼籽，营养丰富，可谓珍贵的食品。

有人说："生吃七粒大马哈鱼籽，等于一个鸡蛋的营养价值。"且不管这种说法是否有科学根据，但大马鱼籽富有营养却是千真万确的。

腌制鱼便于储存

大马哈鱼是回游性鱼类，每年从白露到寒露期间，成批从海里游回乌苏里江或黑龙江的一些支流里产卵，这时期是捕大马哈鱼的黄金季节。为了储存和外运销售，将捕得的大马哈鱼从脊后处豁开，去内脏，洗净，用盐腌制。吃时用清水泡洗，切块，用油煎炸或清蒸均可，味道极为鲜美。

腌制杂鱼将上等杂鱼开膛，去内脏洗净，用盐腌，晒干，成为咸鱼干以便储存，备冬季或来年春天缺食物时食用。吃法与吃腌大马哈鱼相同。

腌制鱼白与鱼肝将雄性大马哈鱼白和鱼肝或上等杂鱼的鱼白、鱼肝用盐腌制，作为小吃，类似汉族腌制的咸菜。

丰腴味香的熟吃鱼

赫哲族熟食鱼肉种类较多，昔时烹调技法简单，主要有炒、煮、炖、煎、氽、蒸、烤等。

炒鱼毛即做鱼肉松，过去是每餐必不可少的食品。主要原料选用各种肥大丰腴的杂鱼，如鲟鳇鱼、鲤鱼、鲫鱼、草根、青根、胖头等各类杂鱼。

将鱼洗净，除去头、尾、鳞，开膛，去内脏，把鱼肉切成块，放在锅中，用旺火将水煮开，干，改用小火，同时反复翻炒。

边炒边挑拣鱼刺鱼骨，倒出鱼肉块撕碎，回锅再炒，将鱼肉炒至焦黄不粘锅即成鱼肉松。鱼肉松必须放在坛子里或桦皮筒里，用炼好的鱼油浸泡着。

秋天有的妇女采集稠李子野果捣碎，做成圆形的稠李子饼晒干，放在鱼毛坛子里，将坛子封好，放在阴凉处，或埋在地下，储存起来，以备冬季或缺食物时拌在饭里吃，稠李子饼可作为风味小吃，其味香甜可口。

有人在捕到鱼后，马上用江水洗净炖着吃，或放一些葱、柳蒿芽之类的野菜清炖，格外鲜美。吃炖鱼是有讲究的，如胖头的脑袋，鲶鱼的尾巴，鳌鱼的身子，虫虫鱼的嘴。这些部位的肉有的质嫩细腻鲜美，有着丰腴味香。

炒鲟鳇鱼片将此鱼肉洗净去皮，切成鱼片，锅里放油旺火烧开，把鱼片投入锅内爆炒，放盐等作料，翻几个过儿出锅，肉嫩鲜香，是下酒的佳肴。

氽大马哈鱼丸子选用新鲜大马哈鱼肉为原料，将肉剁碎，用少量水搅拌，加盐、葱花、花椒面拌好后做成肉馅，然后用油爆锅，添水烧开，将肉馅做成丸子下锅，开锅后即熟。如再放点香菜、蒜苗或香油，鱼肉嫩，味道美，汤鲜可口。

煎、炒、炖鱼籽各种杂鱼籽，一般习惯在炖鱼时，将炖熟的鱼籽单盛在碗里作为一个菜。也有将生鱼籽稍稍腌一下，再下锅炒熟，炒至金黄，酥香可口，是极佳的酒肴。

大马哈鱼籽，还可以拍碎煎成饼状，色金黄、味鲜香。

稠粥又叫“拉拉饭”

赫哲族主食近代由半鱼兽肉兼半粮食，逐渐过渡到以粮食为主食。

混合饭也叫和盒，做法比较简单，用鱼肉或兽肉同小米、高粱米或小粒苞米子一起煮熟，加盐，并将土豆块或白菜条加在一起煮成稀饭。饭、菜、肉混合，味美可口。

稠粥又叫“拉拉饭”。即用小黄米或大黄米、小米或玉米小子做成的稠粥。拌上炒鱼片或各种动物油食用。有的儿童或老人喜欢拌上白糖和荤油;吃着香甜可口。

托花样饭将白面或荞面和好擀成饼，切成小块煮熟，捞出待用;将狍肉或鹿肉，或野猪肉，或野鸡肉炒熟，再将煮熟的小饼块放入锅里一起炒，略放些鲜汤和作料即成，类似汉族的炒饼。

鱼肉馅饺子将鱼肉剁碎，拌剁碎的芹菜或韭菜、大头菜，或白菜、青椒成馅，用白面作皮包饺子煮熟食之。凡年节或家宴，都喜欢用鱼肉馅饺子侍客，既鲜美又不腻。

◆ 鄂伦春族民间饮食——兽肉是美味

鄂伦春族主要分布于内蒙古自治区的呼伦贝尔盟鄂伦春自治旗、布特哈旗、莫力达瓦达斡尔族自治旗和黑龙江省呼玛、逊克、爱辉、嘉阴等县。

主食米面已常见

鄂伦春过去一直以各种兽肉为主食，一般日食一、两餐，用餐时间也不固定。冬天在太阳未出前用餐，餐后出猎;夏天则早晨先出猎，猎归以后再用早餐。有时也在猎区过夜。早晚两餐，均由妇女在家司厨。两餐主食以瘦肉为主。

近年来，鄂伦春族的日常饮食多了许多米面品种，面包饺子也很常见。如用大米或小米煮成的稀饭、黏粥和干饭；用面粉制作的面片、油饼，面包饺子也很常见。

兽肉被精制成野味佳肴

松鸡

大兴安岭特产的飞龙即松鸡，肉质鲜嫩，最为驰名。食用最多见的是狍肉，其次是犴肉，把犴鼻视为美味佳馔。

吃肉时将带有骨节的肉块煮于锅中，半熟后即捞出，每人用刀割取蘸盐水而食，尤喜食带血筋的肉，认为带血筋的兽肉鲜嫩可口，富有营养，并有增强视力、消除疲劳等食疗作用。

在食用狍子肉时，喜欢将煮过的肉及其肝脑切碎拌和，然后加拌野猪油和野葱花而食。近年来，鄂伦春族也习惯于将各种兽肉精细加工或炒、或炸，制成各种野味佳肴。现在用肉加蔬菜制作各种炒菜也日渐普遍。

鄂伦春族保存猎物，大都用晒干的方法，特别是在夏天，鄂伦春族猎人多把兽肉切成小条，晒成半干，然后切成小块，放在用蒿子杆编成的帘子上，下面烧木炭，用烟熏，可保持肉久存不变。

增强御寒能力的熊油

鄂伦春族的成年男子都好饮酒，所饮用的酒有两种，一种是马奶酒，用马奶、小米和稷子米放在一起，发酵一星期多，然后用蒸酒器蒸，家家都能自酿；另一种是白酒，大都是由外地输入。在严冬出猎之前，鄂伦春猎人常常喝一碗熊油以增强御寒能力。

饮酒要由老人开杯

鄂伦春族人民待客纯朴、诚恳，猎人驮肉归来，不管相识与否，只要你说想要一点肉，主人立即把猎刀交给你，从何部位割，割多少，都由客人自己动手，主人十分慷慨大方。

鄂伦春族很注重礼仪，尊老爱幼是传统。老者坐在正位，饮酒要由老人开杯，吃肉吃饭要等老人举刀动筷后，其他人才能动。

若有男客到，一般都要把客人让到正对门口的位置，女客则让到左右两侧的位置。鄂伦春族好客，宾友光临，除好酒好肉接待外，客人临别之际，还要馈赠自家的土特产。

◆基诺族民间饮食——香飘千里的云南风味

基诺族聚居于中国南部云南省西双版纳傣族自治州及其附近地区。基诺族主要从事农

基诺人家

业，种茶历史悠久，有著名的普洱茶。

菜喜欢蘸着调料

基诺族习惯于日食三餐，以大米为日常主食，杂以玉米、瓜豆等。基诺族食用大米很讲究，要吃好米，新米，陈仓米多用来喂养家畜或做烤酒。玉米则侧重于吃青。早餐通常把糯米饭用手捏成团吃，午餐多把米饭用芭蕉叶包好带到地里随时加盐和辣椒食用。

晚餐除主食米饭外，还备有一些菜肴，基诺族常食用的菜有菜园子里种的蔬菜、竹笋、野菜、家禽、野味。基诺族民间有句俗话，叫做炒、傣蘸、基诺舂，就是说汉族的菜喜欢炒吃，傣族的菜喜欢蘸着调料吃，基诺族的菜则以臼舂为主。

每家最少有两个木臼，一个舂盐巴、辣子，一个舂菜。常用的佐料有香茅草、荆芥、姜叶、野八角、大薄荷、姜、香椿等。

丰富的野味和山菜加上本地特有的野花椒、麻根、香茅草、酸木粉，使基诺族能在不同的季节里烹制出许多具有热带山野风味的民族菜肴。

蚂蚁蛋是基诺族的营养佳肴

基诺族平时肉类来源多依靠狩猎。肉类的吃法较多，可以西奄成干巴，也可吃新鲜的。

牛肉、狗肉煮时放几片黄果叶去腥生肉切成小块放上辣子、盐巴、八角等佐料，用竹子夹着放在火上烘烤熟，或者剁成肉末，放上佐料，用芭蕉叶包起来放在火塘里烧熟，这种做法冷吃最可口。

基诺人习惯于将猎获的松鼠肉挂在竹楼里火塘边上，用烟火熏烤成肉干，使之常年不坏，食用时切片烹汤，其味鲜而不腻。

基诺族最喜欢吃的菜有酸腌鱼。做法是将鲜鱼去鳞洗净，拌上辣子、盐巴与热的米饭，装进竹筒里，用芭蕉叶蒙在筒口，扎紧，待酉奄熟后即食，这种菜有特殊的酸味，味美可口，是佐饭佳肴。

蚂蚁蛋也是基诺族喜欢的营养佳肴。农历三、四、五月间把蚂蚁包砍开，用篾箩接着，一个较大的蚂蚁包子获蛋七八斤，蚂蚁蛋一般有筷子头那样大小，似蜂儿的样子，营养丰富，可以煮吃、炒吃、蒸吃、放在火塘里烧吃，或放上盐巴、辣子舂细加水做成汤喝。

给客人盛饭要少盛勤添

基诺人做饭就餐均在竹楼二层的火塘周围进行，有一定的礼节和讲究。基诺族吃饭时首先要在火塘东侧献一点饭菜祭祀祖先和灶神，吃饭时全家人按顺序在火塘旁围篾桌而坐，家长正对火塘，客人靠火塘而坐。

给客人盛饭要少盛勤添，一般不兴给客人夹菜，因为他们认为若给客人夹菜，就好像意味着吃完夹的这些菜就不要再吃了，是一种不礼貌的行为。

基诺族普遍喜好饮酒，民间有不可一日无酒的说法。所饮用的酒大都是自家用大米或玉米酿制，在酿制过程中，通常要加一些锁梅叶等植物，酒呈浅绿色，并带有一种植物的自然香味，据说有健脾强身的功效。

喜庆盛会要吃“剁生”

基诺山是一个著名的产茶区，驰名中外的普洱茶是当地的特产，民间多喜喝老叶茶，喝茶时一般都将老叶揉炒后放入茶罐加水煮至汤浓方饮。

在毛俄、茄玛等寨的部分基诺族妇女中，有食一种当地特有的胶泥的习惯，有的老年妇女已食土成癖，一日不食就有不适，研

普洱茶

究表明：这种胶泥中含有少量人体必需的铜、铁、钙、锌等元素。

逢年过节和喜庆盛会时还要吃“剁生”，即用生肉末拌上盐巴、辣子、姜末、薄荷、韭菜等佐料，用手捏匀，直到把肉捏成白色像熟的一样才进食。

◆门巴族民间饮食——别具特色的酱菜

世界之巅的喜马拉雅山脉，曾被称为世界第三极。整个山系山势高峻，群峰林立，绵延 2 400 多千米，横亘在西藏的南缘，成为雪域高原的天然屏障。在喜马拉雅山南坡的东端是珞渝地区，西毗门隅，在这广阔的地域居住着数万门巴族人。

玉米和鸡爪谷是墨脱门巴族的主食

珞渝地区沟深谷狭，雨量充沛，气候炎热，刀耕火种耕地适宜种植玉米，因此，玉米和鸡爪谷成了墨脱门巴族的主食。

玉米一般和大米掺和煮成混合饭，玉米细粉煮成面团。玉

米也是酿制白酒的主要原料，另加部分玉米渣和鸡爪谷。

鸡爪谷是热带作物，中国海南省有种植，大小颜色和油菜籽相似，它是酿造甜酒的主要原料，人们也喜欢吃鸡爪谷粉煮成的面团。水田多的地方，以吃大米饭为多。西部门巴多以荞麦饼和青稞为当家粮食。

饭菜鲜美的石锅煮饭煮菜

门巴族常见的蔬菜有木耳、香菇、竹笋、茄类、瓜类、辣椒、豆类、萝卜类。灶具主要是皂石锅、铁锅等，人们喜欢用石锅煮饭煮菜，石锅传热和散热慢，炖出的饭菜鲜美可口，这是金属锅所不能媲美的。

门隅地区的门巴族食荞麦饼，饼是用一块圆形薄石板，放在火塘三角架上，然后把荞麦粉调成糊状，摊在石板上翻烙烤成。吃的方法是在烤好的麦饼上抹上奶渣、盐、辣椒糊、趁热卷着吃。

豆酱是门巴族饮食主要调料

豆酱，是门巴族饮食中不可

石锅

缺少的主要调料。酱是煮熟的黄豆加工、发酵而成。

待豆子冷却到不烫手时，约25摄氏度左右，将食盐、辣椒粉、胡椒粉、蒜泥，茴香等调味品均匀拌和，然后装入直径30厘米、长50厘米左右的竹桶里，顶部塞一把蕉叶，糊泥封顶，置于灶台的后部，保持一定温度。

一般一个月即可食用，但置放时间越久，色泽鲜艳，略呈紫黑色，超过一年的变成了黑色。此酱味道辛辣，口感浓香，细细品味，不咸不淡，香辣适口，特别能增强食欲。

辣味中透出浓郁的清香，青辣椒蘸之，清香可口，别具一番味道。真是越吃越想吃，能多吃一碗饭。家家户户都备有几桶豆酱备用。

门巴人烹饪简单，汤菜是主菜，汤汤水水，和单调的米饭相配，食用方便可口，颇受人们青睐。毫不夸张地说，门巴族烹饪技术中，远远不能离开豆酱的。

男女老少普遍嗜好饮酒

酥油茶每天必备，夏天还饮一种自制的酸奶。男女老少普遍嗜好饮酒。自制的青稞、大米酒多装入大葫芦、大竹筒里，客人将至，男的做菜陪客，女的敬客，客人喝一口，女主人便在一旁随时添加，客人醉，被视为看得起主人，主人才高兴。

◆锡伯族民间饮食——自制食品罐头是绿色食品

锡伯族多数居住在中国新疆各县，锡伯族人喜爱骑马射箭。他们能歌善舞，早期的锡伯族人世代以狩猎、捕鱼为业。

发面饼是每天离不开的主食

锡伯族的饮食种类较丰富，面食有发面饼、死面饼、锅盔、馒头、面条、拉面等，馅食有包子、饺子、菜合子、肉馅饼等，米食有大米干饭、抓饭、大米小米稀饭。

发拉哈喀分即发面饼是每天都离不开的日常主食。将面和得较柔软，面团发酵透后，将面团擀薄，贴在锅底，三翻九转即

熟。其大小因铁锅的大小而异，一般直径约三四十厘米左右，厚度为一厘米左右。

烙发面饼，一般用生铁锅，掌握火候是关键，把握住火候，烙出的发面饼才酥软可口。

肥而不腻的“猪血拌肉”

肉食来源主要依靠家庭饲养，多以牛、羊、猪肉为主。冬闲时锡伯族还常进行狩猎，野猪、野鸭、野兔、黄羊等均是冬季餐桌上常见的野味。

锡伯族在吃猪肉方面，有一个特殊的方法。每当宰猪，将清炖的猪肉、杂碎都切成碎块或碎片后与灌肠煮熟的猪血拌在一起，同时调以佐料、蒜泥、葱花、盐等，其味道鲜美，再肥的肉也不感到腻。这种吃法，称作“猪血拌肉”。

发面饼

·迷你知识卡·

八角

八角又称茴香、大料，是八角茴香科八角属的一种植物。干燥果实是中国菜和东南亚地区烹饪的调味料之一。

第八章

民间美食最独特

◆ 俄罗斯族民间饮食——来自异域的别样情愫

俄罗斯族人的饮食，在许多方面保留着早期在俄国生活的传统习俗，同时又深受汉族和其他民族的影响，主食是自己烤制的面包,副食多为列巴俄式煎菜。

熏肠、熏火腿和小香肠

俄罗斯族人的饮食不仅继承了传统的煎、烤、炖、炸、煮等烹饪习惯,又吸收了汉族以及其他民族饮食文化的长处和经验,俄罗斯族的饮食依然保持着传统风味,他们制作的面包、糕点品种繁多,味道鲜美。他们特别喜欢吃黄瓜、西红柿等营养丰富的蔬菜。

他们制作的拌有牛奶、鸡蛋、黄油、果酱的点心为当地其他民族所仿效。俄罗斯族牧民家庭生产的熏肠、熏火腿和小香肠深受各族人民的欢迎。

最古老、最尊贵的食物——黑列巴

黑列巴是一种面包，是俄罗斯族最古老、最尊贵的食物。它的作法不同于一般面包的烤制，制作时先将酵母在温水盆中化开，然后加糖盐各一勺，再加入适量的干面粉搅拌成糊状，放置在较暖和的地方使其发酵。

待盆里的面糊成泡沫状时，再加入干面粉和成团继续让其发酵。等面再次发酵后，取出来揉成圆形或长圆条，放进烤盘盖上盖布再使之发酵，然后才放入烤炉或烤箱中烤熟，等其冷却后食用。

“复活节”要吃彩鸡蛋

俄罗斯族非常重视传统节日，尤其以过“复活节”最为隆重。年春分月圆后第一个星期天(大约在4月4日至5月10日之间)为复活节，节期一天，聚会的人们相互碰撞鸡蛋。

“复活节”前一天，人们开始把鸡蛋染成红、黄、绿等颜色。红色的鸡蛋象征耶稣的血液，传说吃了红色的鸡蛋耶稣就能复活。除了要吃彩色鸡蛋，还要吃一种名叫“古力切”的塔式蛋糕。在节日里能吃到这种蛋糕，被认为能得到幸福，来年能交到好运。

“毕沃”情愫

每当夏日，好友聚在一起，桌上一定少不了俄罗斯族的传统冷饮“格瓦斯”，加点冰块，喝上一口，定会让你冰爽一刻。

另外，俄罗斯族的“毕沃”同样是大家喜爱的饮料。“毕沃”历

烤面包

史悠久，传入新疆已有150余年的历史。“毕沃”中含有微量的乙醇、一定量的二氧化碳、蛋白质、碳水化合物和矿物质，其色泽金黄，气泡丰富，酸甜可口，消暑解渴。

酿制“毕沃”一定要用泥制的坛子，那样酿出来的味道才好，而且要用好的啤酒花、麸皮做曲子，然后再配上白糖、葡萄干、杏干、红糖、苹果泥、树莓等发酵……

◆裕固族民间饮食——独特风味的奶食品

裕固族聚居在中国西部。裕固族是以畜牧业为主的民族。饮食习俗一般是三茶一饭或两茶一饭。

奶和茶是裕固族人必需品

奶和茶在裕固族人民日常生活中占有十分重要的位置，民间有一日三茶一饭或两茶一饭的习惯，每天早晨起床后，一般都先将净水或刚开锅的茶舀一勺洒在帐篷周围，意味着新的一天已经开始，然后调入酥油、食盐和鲜奶反复搅动后即可饮用。

如果再加上酥油、奶皮、奶疙瘩、炒面、红枣或沙枣就可当早点了。中午也要喝茶，到了晚上，待一切劳动结束后，才开始正式吃饭。晚上吃的饭一般以米面为主，有米饭、面条、面片等。

鲜蘑是入秋后常食的菜

裕固族平时喜食牛、羊肉，通常把牛、羊肉做成手抓肉、全羊、牛、羊背子即把完整的牛、羊臀尖带骨煮熟上桌、焖羊肉条、风干羊肉干、牛、羊杂碎汤等。除牛、羊肉外，也食猪肉、骆驼肉、鸡肉或炒菜。食用牛、羊时常佐以大蒜、酱油、香醋等。

由于自然条件限制，牧民平

时很少吃到新鲜蔬菜，只能采集些野葱、沙葱、野蒜、野韭菜和地卷皮类似木耳等野菜。秋季草原上到处都有鲜蘑，所以鲜蘑是入秋后常食的菜。

裕固族的奶食品主要用牦牛、黄牛、羊奶为主制作，有甜奶、酸奶、奶皮子、酥油和曲拉。裕固族还喜欢在大米饭里、粥里加些蕨麻、葡萄干、红枣，拌上白糖和酥油，或在小米、黄米饭内加些羊肉丁、酸奶，作为主食。

敬酒都是敬双杯

裕固人热情好客，特别是居住在深山里的牧民，很少与外界接触，只要家里来人，尤其是对远方的人，他们都要当尊贵的客人盛情接待。一般先向客人献奶，后敬酒，最后吃抓肉。

裕固人总是先请喝酥油炒面茶，客人在喝奶条时，一定要吃干净沉在碗底的曲核，即一种呈块状的奶制品，这表示已经吃够了，要不然的话，主人会一个劲地给你添加。

敬酒时，以饮双杯为敬，如客人只饮一杯，主人便说：你是双脚进来的，不是单脚进的，必须喝双杯。

奶和茶是裕固族人必需品

男主人敬过后是女主人敬。他们有个老规矩，就是用各种名目向客人敬酒，要千方百计地把客人灌醉，似乎只有这样才尽到了主人之谊。裕固人敬酒都是敬双杯。

裕固族人好酒，而且酒量不小。不少人能喝4斤白酒。有的妇女也能喝上斤把。以酒待客是传统习俗之一。他们的习惯是先吃后喝，在吃饱之后再喝酒。裕固族人喝酒从来不要菜，只是喝光酒。

花样繁多的划拳

裕固族划拳之风甚盛，程序复杂，花样繁多。几乎男女老少都会划拳。裕固族划拳有两种，一种是叫拳，与汉族的差不多。另一种是哑拳，是不叫喊的。

双方每次只伸出一个指头，按拇指大于食指、食指大于中指、中指大于无名指、无名指大于小指、小指大于拇指的顺序决定胜负，如果双方出的是不相邻的两指，则无胜负，重出。这种哑拳只有妇女、小孩或不会划叫拳的人才采用。

◆鄂温克族民间饮食——奇异山珍最美味

鄂温克族主要分布在中国东北黑龙江省和内蒙古自治区。鄂温克意思是“住在大山林里的人们”。大部分鄂温克人以放牧为生，其余从事农耕。

每日三餐离不开牛奶

纯畜牧业生产区的鄂温克族以乳、肉、面为主食，每日三餐均不能离开牛奶，不仅以鲜奶为饮料，也常把鲜奶加工成酸奶和奶制品。主要奶制品有：稀奶油、黄油、奶渣、奶干和奶皮子。最常见的吃法是将提取的奶油涂在面包或点心上食用。鄂温克人还喜欢吃鹿油抹面饼。

食肉方法多样化

居住在北部大兴安岭原始森林里的鄂温克族，完全以肉类

鄂温克族

为日常生活的主食，吃罕达犴肉、鹿肉、熊肉、野猪肉、狍子肉、灰鼠肉和飞龙、野鸡、乌鸡、鱼类等，食用方法也与牧区略有不同，其中罕达犴、鹿、狍子的肝、肾一般都生食，其他部分则要煮食。

冬季到来之前是鄂温克族大量宰杀牲畜储存肉类的季节。食肉的方法有手把肉、灌血肠、熬肉米粥和烤肉串等。

以奶茶为饮料

鱼类多用来清炖，清炖鱼时只加野葱和盐，讲究原汤原味。鄂温克族很少食用蔬菜，仅仅采集一些野葱，做成咸菜，作为小菜佐餐。从二十世纪五十年代初开始，主食渐被面条、烙饼、馒头等所代替。

鄂温克族都以奶茶为饮料，饮用时根据个人的口味再加黄油、奶渣。此外，还饮用面茶、肉茶。林区的鄂温克族还饮用当地特有的驯鹿奶。

传统炊餐具别具特色

鄂温克人吃饭时，全家人围绕火堆席地而坐，在三角架上吊着铁锅，将捕获的驼鹿或其他猎物切成肉块，放入沸滚的锅里涮着吃。涮出的兽肉多挂着缕缕血丝，半生半熟。人们认为这样吃不仅营养丰富，而且容易吸收。

剩余的大量兽肉，鄂温克人晾晒成肉干和肉条，贮存起来慢慢吃，外出狩猎时，把它装在鹿包兜里当干粮。

鄂温克族传统炊餐用具别

具特色，有用罕达犴骨做成的杯子、筷子，鹿角做成的酒盅，犴子肚盛水煮肉、罕达犴筋缝制的鹿皮盛粮口袋，桦木、皮制的各种碗、碟等。如今瓷、铝、铁、塑料制品已广为使用。

◆普米族民间饮食——别具特色的古朴烹调法

普米族的族源属于中国古代西北游牧民族氐羌支系，“普米”意为白人。

普米族主要从事农牧业生产，兼营家庭手工业。农作物主要有玉米、小麦、蚕豆、大麦、燕麦、青稞等。现在大力发展农、副业基础上，发展了铅矿、盐矿、铁工厂等工业企业，建造了发电站。

荞子、玉米合一起的“牛头饭”

普米族一般习惯日食三餐。早餐多吃面食点心，喝酥油茶或盐茶，茶水中放盐，中午和晚上为正餐，多以玉米为主食。常用煮、蒸、烧、烘烤等方法制作米饭、烤饼、面片、面条等。

兰坪地区的普米族喜把做好的饼子放入火塘内烘烤，熟后吹打去灰，佐以辣椒、青菜汤或酥油茶当饭。也有的将玉米、面条与青菜、酸菜同煮而食；还有的将马铃薯煮熟捣碎，与糌粑合成团子作为主食。

宁蒗的普米族多将荞子、玉米合在一起做成“牛头饭”，稗子与大米合在一起做干饭或稀饭，而大麦和青稞则多用来做糌粑和酿酒。

普米族的日常蔬菜种类繁多，有南瓜、茄子、西红柿、辣椒、韭菜、萝卜、蔓菁、青菜、大葱，此外还经常采集木耳、香菌菇、蕨菜苦菜花、花椒等。并用核桃、麻籽、苏子、菜籽榨制食油。

驰名的琵琶肉

普米族普遍以饲养的畜禽为其肉食来源。常见的有猪、牛、羊肉，并能制作酥油、乳饼、奶酪等乳制品。

肉类多煮食和烤食，不习惯炒食。杀年猪时除鲜食外，一般都做猪膘肉，也有将猪肠做成面肠或米肠；普米族擅长用风腌办法把猪肉制成猪膘肉或腊肉，以琵琶肉最为驰名。

即把完整的猪去骨，风腌制成如琵琶状，也有将猪后腿划开，剔骨后再把瘦肉装进去晒干储存。民间都把猪膘肉、琵琶肉和猪腿的多少当做富有的标志。

牛肉和牦牛肉则以鲜吃为主，只将牛头肉扒下来晒干存放。宰牛时要将鲜肉成块煮，观看或路过的人都可吃到一份。牛头骨要挂在家里的墙上，并以多为荣。也常能吃到狩猎捕获的黑熊、野猪、獐子、麂子、雉鸡等野味。

普米族节日表演

甘冽净爽的苏里玛酒

普米族饮茶也像吃饭一样，每天必不可少，如果一天不喝就会坐卧不安，甚至头昏脑胀。普米族一天习惯喝三次，早晨一次，中午和晚上各一次，有的人临睡时还要喝一次。

日常饮茶的种类很多，有酥油茶、化油茶、盐茶和米花茶等。惯于用牛角盛酒或竹管去吸。经常饮用的有白酒、黄酒和有名的苏里玛酒。

苏里玛酒多是用上好的大麦酿制而成，所配酒药里有雪上取来的龙胆草和江边的百合草，等发酵后，装入坛子，过十天后从坛口的一侧开个小口冲拌凉开水，再用弯曲细竹做的咂竿咂出来即成。其味浓香醇厚，甘洌净爽，是待客、馈赠亲友的重要礼品。

除夕夜要做十二道菜

普米族在大过年时，同一民族的各家要祭“锅庄”，杀羊敬祖先。宁蒗地区的普米族在大过年当天，在三角锅庄上供猪头，然后吃团圆饭。有缺员之家，吃饭也要为缺席者摆上碗筷，各种菜都要为缺席者留一点，表示他们也和全家人起食用。有些菜甚至一直留到缺员归来后才食用。

兰坪丽江地区的普米族在除夕夜要做十二道菜，猪头是十二道菜中不可缺少的主菜。节日期间，有互送礼物的习惯，所送的礼品多是自家作的油煎粑粑、腊肉条等食物。

其他一些节日，除必备传统风味食品如粑粑、酒、肉外，还要加上应时的食品。如清明节的凉拌冷菜；立夏的辣蒜腌肉；火把节的饵块和水豆腐；尝新节的新米和荞麦粑等。

在民间，普米族男女订婚，双方喝完订亲酒之后，男方要杀猪杀鸡，托媒人把猪心作为礼品送到女方家；女方家也要杀猪并将两家的猪心都切成两半，分成两份，一份仍由男方家带回，表示“永结同心”。

◆达斡尔族民间饮食——渔猎为主的食俗

达斡尔族主要分布在内蒙古自治区莫力达瓦达斡尔族自治旗、鄂温克族自治旗、扎兰屯市、阿荣旗及黑龙江省齐齐哈尔市区、梅里斯区、富拉尔基区、龙江县、富裕县、嫩江县、爱辉县；少数居住在新疆塔城县。

达斡尔族片白肉

干饭和鲜牛奶粥最常见

达斡尔族用经过蒸煮后磨出的荞麦米、燕麦米和大麦米做干饭和粥，食用时都要拌以鲜、酸牛奶或野兔、狍子、飞禽肉汤。

用荞麦米或燕麦米做成的狍子肉粥，是达斡尔族老人喜欢的食品。进入二十世纪以来，小米和玉米碴子也成为达斡尔族的主食，过春节也开始打年糕。

达斡尔族的面食以荞面为主，制作荞面食品的种类很多。有刀削面、刀切短面条、掀面片、手指压柳叶状面条，和用拇指在另一只手掌上碾成的薄卷片等，这些荞面食品都直接在牛奶或兽禽肉汤上煮熟。

饸饹是把荞麦面条过冷水后，浇以飞龙、沙鸡、野鸡或狍子等野味肉汤，是达斡尔族的上等主食，常以招待贵客。用荞面掺以葱花、盐末、花椒面，烙薄煎饼，或做成多层夹油饼在笼屉中蒸熟，也是较为讲究的食品。

荞面还用以做苏子馅烙饼、猪肉白菜馅烙饼和蒸饺子，做成小盅碗状的荞面窝窝，放入猪肉豆角等烩菜上煮熟。

除荞面外，达斡尔族也用稷子米磨面，做发面夹苏子馅烙饼和蒸酸甜而松软的发糕。带有民族特点的吃法是，鲜牛奶面片和面片拌奶油白糖、烙苏子馅饼。

手把肉和片白肉十分讲究

达斡尔族的肉食过去曾以野生动物为多，有狍子、鹿、驼鹿、野猪、黄羊和飞龙、沙鸡、野鸡等。随着狩猎业减少，家养的猪、牛羊、鸡成为主要肉食。达斡尔族喜爱吃手把肉和片白肉，片白肉即把肉煮熟后切成薄片。

在吃手把肉和片白肉时，需以肉汤盐水和野韭菜花末为佐料。将猪、牛、羊血拌上盐面、碎葱蒜、野韭菜花末、灌制血肠，煮熟后切成薄片，是十分讲究的佳肴。

平时，喜用肉炖蔬菜。常吃鱼，主要烹调方法是清炖和清蒸。

豆角和西葫芦晒干编成股

达斡尔族房前屋后常种有白菜、豆角、黄瓜、茄子、青椒、韭菜、葱、蒜、萝卜、土豆、窝瓜、西葫芦等蔬菜，除了大量应时吃用外还加工成酸菜、咸菜、干菜，以备冬春食用。最有特色的是用刀将豆角和西葫芦削成细长条，晒干后编成股储存。

达斡尔族妇女还采集柳蒿菜、山葱、山芹菜、野韭菜、黄花等野菜，煮熟食用。以肥猪肠或肥猪肉加芸豆炖柳蒿菜，采集木耳、蘑菇加肉炖、炒，都是达斡尔族常吃的风味佳肴。

鲜、酸牛奶是不可少的拌食

牛奶在达斡尔族的饮食中有重要地位，食用花样很多。鲜、酸两种牛奶是米食和面食不可少的拌食。加工的稀奶油、黄油和奶皮，营养非常丰富。

达斡尔的饮料有鲜、酸牛奶、奶酒、奶米茶等，奶米茶是把少量稷子米炒有轻微煳味后，加牛奶和水烧煮即成。

达斡尔族妇女还喜把采集的稠李子、山丁子、榛仁等磨为合成粉，饮用时冲入开水，拌白糖做成类似面糊的饮料饮用，味道可口。

◆柯尔克孜族民间饮食——适应游牧生活的食俗

柯尔克孜族主要分布在新疆克孜勒苏柯尔克孜自治州，少数散居在其他各县。

柯尔克孜族人民以从事畜牧业生产为主，兼营农业和手工业；传统工艺美术有刺绣、擀毯、雕刻、织花和金银器，习以兵器、山鹰、云彩、猛兽作图案。喜爱赛马、叼羊、马上打靶和飞马拾物等。

“马驹肉”和“驼羔肉”是待客珍品

柯尔克孜族饮食起居有着游牧生活方式的特点。居住在城市的多为一日三餐，牧区则多为一日两餐。

他们的饮食主要是肉制品和奶制品，也喜欢吃圆白菜、洋葱、土豆等。现在富裕起来的牧民们喝的是牛奶羊奶，吃的是牛、羊、马、骆驼肉，也吃米食和面食。

肉食主要有锅烤羊肉块、烤

柯尔克孜族

全羊、炖牛羊肉、马肠、肖奴帕即手抓肉、肉块。这是柯尔克孜人待客的食品之一。

煮制时有一个要点，就是将肉凉水下锅，煮熟的肉香而不腻，嫩而不烂，牧民们外出放牧时一般者喜欢带这种肉块作干粮。肉食还有煮全羊、烤羊肉片、烤肝子、烤腰子等。

其中最珍贵的是“马驹肉”和“驼羔肉”，非有贵宾光临不设，以示尊敬和诚恳。

酸奶疙瘩是冬季主要食物

以新鲜牛奶为原料，绵羊奶最佳，煮沸后加入乳酸杆菌，即少许酸奶或酸奶疙瘩，发酵后即成酸奶。酸奶酪营养丰富，含有多种乳酸、氨基酸、矿物质、维生素、酵酶等，对于以肉、奶为主食的柯尔克孜人来说，饮用酸奶酪具有改变口味，开脾健胃，清热降火的作用。

每年鲜奶旺季，柯尔克孜族妇女把鲜奶煮沸，舀出上面金黄色的一层油，将剩下的奶加工成酸奶酪，作为夏季的主要食品。

干酸奶是将酸奶酪过滤去水即成。一般都装入细白布口袋内，外出时挂在马背上，饥饿时可食，口渴时加水可饮，是夏秋季外出时携带的方便食品。

酸奶疙瘩是将挤干水分的酸奶团成小圆球，摆放在芨芨草编成的席子上晒晾。酸奶疙瘩晒干后，可长期存放，三年、五年不会变质霉坏。

酸奶疙瘩是柯尔克孜人冬季的主要食物，平时也可以当点心待客或馈赠远方亲友。酸奶疙瘩还可以煮进面条里做酸奶面条。这是柯尔克孜人特有的酸奶面条，不放其他任何佐料，吃起来自有淡淡的咸味、酸味和奶香味。

柯尔克孜人还可以将酸奶疙瘩还原成酸奶。进入高山牧区，经常可以看到柯尔克牧毡房前，有一个高二三尺，直径约五六寸的木桶。这种木桶大多是用一节圆木凿空做成的，下端固定在毡房外的草地上。平时用羊皮盖着上面的口，用时将酸奶疙瘩放进桶内加水后用木棒捣动。随着木棒的捣动，不到两个小时，水就变成了越来越浓的雪白的酸奶。

又酸又有奶香味的酸面条

“居布尕”即酥油糖饼。先将面粉调成团，擀成很薄的饼子，放在锅里烙熟，然后抹上酥油，撒上白糖，再叠成三角形即成。这种饼子香甜酥脆，大人小孩均喜食。

卡特玛即油卷。将调好的面团，切成数等份，擀成数张薄饼，然后抹上油，一张张地叠起来，放在锅内文火烙烤成橘黄色即可。

或者是把调好的面擀薄，将奶皮子或酥油均匀地抹在面上，卷成长条，然后盘成圆形，放在锅内用文火烙烤，两面烤成橘黄色即可今用。其特点是外酥里软，香味浓郁，系待客的上乘食品。

特色饮食

窝馕是馕食品之一种。把调好的面团擀薄，上面抹奶皮子或者酥油，卷成一根长条，再盘成圆形，放在蒸笼内蒸熟亦有在馕坑中烤的，然后在上面撒上白糖即成。这种食品吃起来松软香甜，尤为老年人所喜爱。

一日三餐都离不开砖茶

柯尔克孜族喜欢砖茶，一日三餐都离不开。奶茶是常用的饮料，做法是先把茶叶放在水壶里煮沸，再加入些奶子和食盐，就可以饮了。亦饮用小米或麦子做的“包扎”。

他们喜吃用牛羊乳制成的一种酸奶，这种食品味道很酸，营养价值很高，含有蛋白质和脂肪，有助消化。

柯尔克孜族吃饭用手、刀、匙，灶具主要是用来做饭的铁锅、架锅的三角架和烧制奶茶的铜壶；农村和山区都使用木头制作的碗、盘、勺等餐具，坚固，方便而又经济，在城市则多用瓷器。

制作面食时没有案板，而是用皮子制成的擀面布。他们还将宰杀后经过加工的牛胃、羊胃作为容器，把做好的酥油都存放在里边。

◆乌孜别克族民间饮食——一日三餐离不开馕和奶茶

乌孜别克族分布在新疆维吾尔自治区伊宁、塔城、喀什、莎东、叶城、乌鲁木齐等地。乌孜别克族人最早居住在中亚各地，元朝时称为“月即别”“月祖伯”等，十五世纪逐渐形成民族。

素抓饭不加肉

乌孜别克族日食三餐，主食以面米为主。面食以馕最为常见，其做法与维吾尔族烤馕方法大同小异，民间烤馕有油馕和肉馕之分。

在面粉内加牛奶、清油、羊油或酥油烤成的馕称为油馕，在

砖茶

馕中加羊肉丁、孜然粉、胡椒粉、洋葱末等拌成馅烤成的馕称为肉馕。除油馕和肉馕外，还有窝窝馕、片馕等数种。大米多用来做抓饭。

乌孜别克族抓饭的制作方法基本一致；制作素抓饭不加肉，但要加入适量的葡萄干、杏干等干果，香甜可口，故又称甜抓饭。肉食以牛、羊、马肉为主，喜食抓肉、烤肉和土豆炖肉和一种用蛋清、白糖制成的甜食“尼沙拉”。

营养丰富的奶茶

奶茶是乌孜别克族日常生活中不可缺少的饮料，烧奶茶一般用铜壶或铝锅，先将茶水煮沸，然后加入牛奶烧煮，搅匀，待茶乳完全交融后，再加适量的食盐即成。

饮时把奶茶盛入碗中，稍加酥油或羊油、胡椒即可。乌孜别克族一日三餐中，早餐比较简单，多以切小块的馕泡奶茶。

奶茶具有驱寒、生津、止渴、化食的作用，不但可口，而且营养丰富，四季均可饮用。

有客人要分席用餐

农牧区的人以手抓进餐为主，居住在城市的人已开始使用筷子和匙子。他们习惯于一日三餐，早晚饭多以馕、奶茶为主，配以糖浆与蜂蜜；午饭吃各种主食，辅以肉品和水果。

用餐时，长者坐上座，幼者在下座。人口多的家庭或有客人还要分席用餐，一般是客人和男人一席，妇女和孩子一席。

特有的风味食品"那仁"

每逢节日或来客，乌孜别克人就要做一顿有民族特色的佳肴，或抓肉、或烤全羊、或那仁、米肠子、库尔达克、苗喀瓦波等，再摆上西瓜、苹果、葡萄、香梨、石榴、无花果等特产果品，相当丰盛。

乌孜别克族的传统节日，以肉孜节和古尔邦节为一年之中最隆重的节日。过"肉孜节"前的斋月里成年人都要封斋，吃斋饭时，亲友邻里要互相邀请，如有客至，主人要热情款待。

古尔邦节要屠宰牛羊炸油饼，吃手抓肉和抓饭以及民间特有的风味食品"那仁"。

年年春季，乌孜别克族还要举行"苏麦莱克"仪式，届时以村为单位，大家自带各种生食品集中在一起，用一大锅熬熟后共餐。在此过程中，人们聚在一起进行歌舞娱乐活动，预祝风调雨顺、人畜两旺。

·迷你知识卡·

花椒

落叶灌木或小乔木，可孤植又可作防护刺篱。其果皮可作为调味料，并可提取芳香油，又可入药，种子可食用，又可加工制作肥皂。

图书在版编目(CIP)数据

质朴自然的民间饮食 / 吴雅楠编著. -- 长春 : 吉林出版集团股份有限公司, 2014.7
(流光溢彩的中华民俗文化 : 彩图版 / 沈丽颖主编)
ISBN 978-7-5534-5073-5

Ⅰ. ①质… Ⅱ. ①吴… Ⅲ. ①饮食—风俗习惯—介绍—中国 Ⅳ. ①K892.25

中国版本图书馆CIP数据核字(2014)第152304号

流光溢彩的中华民俗文化(彩图版)
质朴自然的民间饮食

作　　者　吴雅楠
出 版 人　吴文阁
责任编辑　王亦农
开　　本　710×1 000mm　1/16
字　　数　150千字
印　　张　10
印　　数　2 000册
版　　次　2014年8月第1版
印　　次　2019年1月第2次印刷
出　　版　吉林出版集团股份有限公司
发　　行　吉林音像出版社有限责任公司
　　　　　吉林北方卡通漫画有限责任公司
地　　址　长春市泰来街1825号　　邮　编:130062
电　　话　总编办:0431-86012906　　发行科:0431-86012770
印　　刷　三河市九洲财鑫印刷有限公司
ISBN 978-7-5534-5073-5　　定价 27.80元